Guggenbühls Schweizer Knigge

Guggenbühls Schweizer Knigge

EIN BREVIER
FÜR ZEITGEMÄSSE
UMGANGSFORMEN

Neue erweiterte Auflage der Originalausgabe
von Adolf Guggenbühl
«Der schweizerische Knigge»

89. bis 95.Tausend

Schweizer Spiegel Verlag, Zürich
Ott-Verlag, Thun

Herausgeber: Peter Huggler
Bearbeitung: Anna von Senger

ISBN 3-7225-6931-1

2001, völlig aktualisierte Ausgabe
Satz und Druck: Ott Verlag + Druck AG Thun

Inhalt

Vorwort

Höflichkeit ist eine Münze, die bei uns in der Schweiz nicht hoch im Kurse steht.
Die Schweizer versteifen sich gerne darauf, «rauhe Schale, guter Kern» zu spielen. So etwa wie jener Bauer, der zu einer Beerdigung in einer roten Weste erschienen war und zur Entschuldigung sagte: «Wenn nur das Herz schwarz ist!»
Mancher ist der Ansicht, dass die Gesetze der Höflichkeit den Verkehr unter den Menschen unnatürlich und steif machen. Es ist richtig, dass die allzu konventionelle Anwendung der Höflichkeitsformen lähmend wirken kann, aber im großen und ganzen macht man die Beobachtung, dass die Menschen, die wissen, «was sich schickt», sich natürlich bewegen und die Befangenen und Steifen gerade jene sind, welche behaupten, alle gesellschaftlichen Formen im Interesse der Natürlichkeit zu bekämpfen. Unter dem Deckmantel der Spontaneität kann viel Glas zerbrochen werden. Ein Mensch mag uns unsympathisch erscheinen. Geben wir ihm

dies uneingeschränkt zu fühlen, so verbauen wir uns jede Möglichkeit, ihn von einer anderen Seite kennenzulernen. Zudem machen wir ihm das Leben schwerer und er wird auch uns feindlich entgegentreten.

Gesellschaftliche Formen sind keine ethischen Gebote, und Verstöße gegen sie gehören zu den lässlichen Sünden. Aber das ist kein Grund, sie ganz zu missachten.

Gewiss: Das Leben ist ein Kampf aller gegen alle. Darüber hilft nichts hinweg. Die Höflichkeit macht die Welt nicht besser, aber macht das Leben angenehmer und einfacher. Sie sucht zu verhindern, dass wir jeden Tag das Vorrecht auf das saftigere Stück Rindfleisch mit der Gabel und den Sitzplatz im Autobus mit der Faust erkämpfen.

Die Höflichkeit ist das Öl der sozialen Maschinerie. Die Höflichkeitsformen sind ja nicht irgendeine geheimnisvolle Erfindung, sie lassen sich fast alle auf die einfache Formel zurückführen:

Verhalte dich deinen Mitmenschen gegenüber so, wie du wünschest, dass sie sich dir gegenüber verhalten.

Ein Mensch, der seine Mitmenschen wirklich achtet, ist meistens auch höflich.

Daneben gibt es allerdings auch Höflichkeitsformen, welche nicht einfach als zur Sitte gewordenes moralisch richtiges Verhalten erklärt werden können. In welcher Art Visitenkarten gedruckt werden sollen, ob man die Gabel in der rechten oder in der linken Hand halten soll,

darüber befragt man umsonst die Stimme seines Herzens.
So ist es auch verständlich, wenn junge Leute sich wehren gegen allzu reglementierte Umgangsformen, die keine Bedeutung mehr haben für sie. Sie sollten die Möglichkeit haben, auch einmal neue Formen des Miteinanderumgehens auszuprobieren und dann aus der Erfahrung heraus eine neue Höflichkeit finden.
Eine Wandlung können wir zum Beispiel im Verhalten von Männern gegenüber Frauen sehen. Frauen haben begonnen ihre «männlichen» Fähigkeiten, Männer auch ihre «weiblichen» Seiten zu entdecken. Frühere Höflichkeitsformen beruhten auf dem Bild der schwachen Frau und des Held-Mannes. Die Gegenreaktion von manchem jungen Mann ist nun, die Frau einfach als Kumpel zu behandeln. Welche Frau möchte sich aber nicht hie und da in den Mantel helfen lassen? Sie darf ja auch ruhig ihrem Begleiter in den Mantel helfen.
Die Höflichkeitsregeln sind um des Menschen willen da und nicht der Mensch um ihretwillen. Sie ändern sich, wie sich die Welt verändert.

Vom Grüßen

Der Sinn des Grußes

«Dani, gib dem Herrn die Hand!»
Dani steht da wie ein Stock.
«So, Dani, wird's bald?»

Dani rührt sich nicht. Da man noch mehr in ihn dringt, legt er sich platt auf den Boden.
Eltern und Erzieher sind immer wieder erstaunt, welch unbändigen Trotz auch wohlerzogene Kinder der Anwendung von Höflichkeitsformen entgegensetzen, gerade beim Grüßen. Die Erklärung ist einfach: Das drei- oder vierjährige Kind begreift noch nicht, was Höflichkeit ist. Es verwechselt Höflichkeitsäußerungen mit Liebesbezeugungen, und diese will es sich begreiflicherweise nicht befehlen lassen. Das Handgeben bedeutet für das Kind eine Zärtlichkeit, etwas Ähnliches wie ein Kuss.
Es gibt zwar auch Väter, die ihre Kinder anschreien: «So, jetzt gib mir ein Küsschen, oder du bekommst eine Ohrfeige!», mit dem

Resultat, dass es dann gewöhnlich zur Ohrfeige, aber nicht zum Kuss kommt. Die Liebe lässt sich nicht befehlen, weder unter Berufung aufAutorität noch auf die Pflicht.
Es gibt genug Erwachsene, welche die kindliche Einstellung zu den Höflichkeitsformen nie verlieren: diejenigen, welche meinen, es bedeute Heuchelei, gegen Menschen, die man nicht gern hat, höflich zu sein.
Aber Höflichkeit hat mit Liebe, wenigstens mit individueller Liebe, nichts zu tun. Gerade das Grüßen als typische Höflichkeitsform ist ein Symbol der friedfertigen sozialen Einstellung zum andern. Man streckt nicht dem andern die Hand hin, um die seine zärtlich zu berühren, sondern man symbolisiert damit die gute Absicht. Indem man die Rechte, welche die Keule, das Messer oder den Revolver führt, hinhält, macht man sich wehrlos. Auf ähnliche Motive mag auch das Entblößen des Kopfes zurückzuführen sein: Der Grüßende begibt sich freiwillig in die Gewalt des andern, er deutet seine Unterwerfung an.

Zwei Sachen sollte man sich merken:

1. Man sollte nie warten, bis andere zuerst grüßen. Hat der andere das gleiche Prinzip, kommt es zu gar keinem Gruß, und statt einer Grußfreundschaft entsteht eine Feindschaft.
2. Man sollte immer freundlich und eindeutig grüßen. Nichts ist unangenehmer für den Gegrüßten als ein vager Gruß, bei dem man

eigentlich nicht weiß, wem er gilt. Man kann mit dem Kopf nicken oder eventuell mit der Hand ein Zeichen machen. Natürlich nicht gerade ein militärisches, einfach ein freundliches, aber eindeutiges Zeichen.

Es hat sich schon lange eingebürgert, dass man beim Grüßen lächelt. Es wird aber keineswegs als unhöflich betrachtet, wenn man es sein lässt.
Wer grüßt zuerst, der Herr oder die Dame? In den angelsächsischen Ländern galt es früher als Grobheit, wenn der Herr grüßt, bevor ihm die Dame durch Nicken die Erlaubnis dazu gegeben hat. Bei uns war es üblich, dass der Herr auf jeden Fall zuerst grüßt. Aber darauf wird heute nicht mehr geachtet.
Es ist eine Erfahrung, die um so mehr bestätigt wird, je länger man lebt, dass man auf die Empfindlichkeit der Mitmenschen gar nicht genug Rücksicht nehmen kann. Die meisten haben ja so wenig Selbstbewusstsein. Passiert es aus Versehen, dass man sie zweimal auf der Straße nicht sieht, so sehen sie gleich eine Absicht dahinter. Sie vermuten, man wolle sie «schneiden».
Grüßen Sie deshalb lieber zehnmal zuviel als einmal zuwenig. Wenn Sie nicht sicher sind, ob die Frau, die Ihnen entgegenkommt, die neue Kindergärtnerin ihrer Tochter ist, die Sie vor einigen Tagen kennengelernt haben, so grüßen Sie. Auch wenn sie es nicht gewesen ist, wird sie es Ihnen nicht übel nehmen. Grüßen Sie nie einen Bekannten, den Sie in einer kompromit-

tierenden Situation sehen, er wird sonst Ihr Todfeind. Sehen Sie die Gattin Ihres Freundes mit einem jungen Herrn in der Halle des Carlton-Hotels, so ist es besser, Sie sehen sie nicht. Auf jeden Fall grüßen Sie nicht mit verschmitztem Lächeln. Vielleicht ist die Zusammenkunft der beiden harmloser Natur, und dann wird Ihnen Ihr Lächeln mit Recht übelgenommen. Vielleicht ist sie nicht harmlos, und dann wird Ihr Lächeln noch übler genommen.

Bekanntlich grüßen sich auf dem Land, im Gegensatz zur Stadt, auch Fremde. Viele scheinen es für großstädtisch zu halten, in der Stadt überhaupt nur Bekannte zu grüßen. Das ist unrichtig. Auch die Verkäuferin im Laden wird gegrüßt, und man verabschiedet sich von ihr mit einem Gruß. Man sollte ein Sensorium dafür haben, dass im Wohnquartier auch halbwegs Bekannte und auf einsamen Spazierwegen auch ganz Unbekannte das Bedürfnis nach einem Grußwechsel haben.

Setzt man sich in ein halbvolles Eisenbahnabteil oder an einen halbbesetzten Tisch im Café, so grüßt man durch leichte Verbeugung und fragt gleichzeitig: «Entschuldigen Sie, ist dieser Platz noch frei?» oder irgend etwas Ähnliches. Geht man fort, sagt man «Adieu».

Wie reicht man die Hand?

Im Gegensatz zu manchen andern Ländern ist es bei uns üblich, sich beim Gruß die Hand zu reichen, sobald einige Worte gewechselt werden. Die Frau gibt im allgemeinen die Hand zuerst. Halten Sie aber Ihre Hand deutlich hin, so dass der andere weiß, Sie wollen sie ihm reichen.

Üblicherweise wird zuerst der Frau und dann dem Herrn die Hand gereicht, bei einer Einladung zuerst der Hausfrau.

Der Herr steht immer auf, wenn er einer Frau oder einem andern Herrn (zum Beispiel im Café) die Hand gibt. Die Frau steht nur auf, wenn sie einer andern Frau die Hand gibt.

In manchen Kreisen küsst man sich zur Begrüßung und zum Abschied auf die Wange. Der Handkuß wird bei uns nur scherzhaft angewandt. Aber wenn Sie schon darauf bestehen, dann bücken Sie sich bitte zu der bewussten Hand hinunter, und reissen Sie sie nicht auf Lippenhöhe hinauf.

Vom Vorstellen

Wie man sich vorstellt

Als Stanley nach wochenlangem, gefahrvollem Suchen im Innern Afrikas endlich den Missionar Livingstone fand, stürzte er sich nicht etwa auf den lang Gesuchten, um ihn zu umarmen, sondern er machte eine korrekte Verbeugung, stellte sich vor und sprach: «Mr. Livingstone, I presume?» (spreche ich mit Herrn Livingstone?)

In gewissen Kreisen Deutschlands existierte früher ein Mensch, der einem nicht vorgestellt wurde, überhaupt nicht. Ein korrekter Deutscher hätte damals selbst bei einer Schiffskatastrophe mit dem einzigen Überlebenden, der sich an das gleiche Brett geklammert hätte, erst gesprochen, nachdem er sich vorgestellt hätte. Wenn aber der andere sich vorstellt, muss man selbstverständlich seinen eigenen Namen auch nennen und sich nicht etwa mit den Worten «freut mich» oder gar mit einem lakonischen «So!» begnügen, was den Partner in eine peinliche Lage bringen würde.

Dagegen gehört es sich auch bei uns, dass man sich seinem Tischnachbarn und seinem Gegenüber an einem Fest oder im Hotel vorstellt, wenn man dort einige Tage verbringt.
Wenn man den Wohnort wechselt, sollte man es nicht unterlassen, sich den neuen Nachbarn vorzustellen. Dies nicht nur, um die gegenseitige Neugierde zu stillen, sondern auch, um eine friedliche Beziehung zu begründen. Ist es nicht peinlich, wenn Sie die Nachbarin erst kennenlernen, nachdem Ihr Sohn ihr Küchenfenster als Fußballgoal missbraucht hat?
Wenn Sie aber mit jemandem im Strandbad oder beim Skifahren ins Gespräch kommen, ist es durchaus nicht nötig, dass Sie sich vorstellen, falls es unwahrscheinlich ist, dass Sie den Betreffenden oder die Betreffende wieder sehen.
Wenn man sich selbst vorstellt, lässt man besser alle Titel weg. Es wirkt wichtigtuerisch, sich selbst als Doktor Furrer vorzustellen.

Wie man andere vorstellt

Das Sich-selber-Vorstellen macht den wenigsten Schwierigkeiten. Hingegen kommen viele in eine richtige Aufregung, wenn es sich darum handelt, eine größere Anzahl von Personen miteinander bekannt zu machen. Und doch ist die Sache ja so einfach!
Man sprach kürzlich über die Reise des amerikanischen Finanzministers nach Paris.

«Ich kenne ihn persönlich», sagte ein anwesender, frischgebackener Bankprokurist. «Er ist mir einmal anläßlich einer Studienreise vorgestellt worden.»
Wirklich? War die Sache nicht umgekehrt?
Der Jüngere wird dem Älteren, der weniger Prominente dem Prominenteren, der Herr der Dame vorgestellt.
In diesem Satz sind alle Vorstellungsregeln wie in einer Nussschale enthalten. Wer das einmal weiß, dem kann das Vorstellen keine Schwierigkeiten mehr machen. Wichtig ist dann nur noch, dass er ohne Überstürzung handelt und einen gemachten Fehler nicht überbewertet. Es sind ja alles Menschen!
Sie sagen also: «Herr Regierungsrat, darf ich Ihnen Herrn Weiß vorstellen?» Und dann mit einer leichten Handbewegung: «Herr Weiß, Herr Regierungsrat Schwarz.»
Aber wenn Ihre Frau dabei ist: «Gertrud, kennst du Herrn Regierungsrat Schwarz? Herr Regierungsrat Schwarz, meine Frau.»
Also: Immer den Namen des weniger Prominenten oder Jüngeren zuerst. Immer zuerst den Namen des Herrn, dann den der Frau! Diese Regel kennt keine Ausnahme. Auch ein Bundesrat wird einer Sekretärin vorgestellt, und nicht eine Sekretärin einem Bundesrat.
Bei Frauen entscheidet das Alter. Die jüngere wird also der älteren vorgestellt. Wenn Ihnen ein Irrtum unterläuft, so wird die zuerst Vorgestellte kaum beleidigt sein.
Herr Dr. Weiß soll seine Gattin stets mit den

Worten «meine Frau» vorstellen, also nicht etwa mit «Frau Weiß» oder gar «Frau Dr. Weiß». Der Bruder von Herrn Weiß wird als «mein Bruder» vorgestellt, die verheiratete Schwester als «meine Schwester, Frau Schwarz».

Stehen zwei Herren ungefähr im gleichen Alter und Rang, so macht man am besten eine Geste, welche die beiden umfasst und sagt: «Darf ich die Herren bekannt machen? Herr Weiß, Herr Schwarz.»

Ausnahmen: Tritt ein Ehepaar oder ein Einzelner in eine bereits versammelte Gesellschaft, so ist es zweckmäßiger, zuerst den Namen des Neuangekommenen zu nennen und nachher (wenn die Gesellschaft nicht zu groß ist) den aller andern der Reihe nach. Die Prozedur ist etwas mühsam, aber kaum zu umgehen. Diese Pflicht ruht auf den Schultern der Gastgeber. Sie dürfen sich ihr nicht entziehen. Viele Eingeladene sind zu schüchtern, mit andern Gästen ein Gespräch zu beginnen, wenn sie nicht vorgestellt werden. Es wirkt belebend für eine Zusammenkunft, wenn über den ersten Schritt des Kennenlernens hinweggeholfen wird.

Auch bei ganz großen Einladungen sollten die Gäste zum Mindesten den Gastgebern vorgestellt werden.

Ein Freund von mir wurde von einem Bekannten zu einer großen Abendgesellschaft geschleppt. Es wurde etwas getanzt, etwas musiziert, etwas gespielt. Er langweilte sich tödlich, bis er zufällig mit einer jungen Frau ins

Gespräch kam, die ihm außerordentlich gefiel. Er tanzte mehrere Male mit ihr und lud sie sogar zu einer Mondscheinfahrt mit seinem Motorboot ein: «Hier ist es ja nicht zum Aushalten. Das Essen ist schlecht, die Musik zu laut, die Leute sind todlangweilig.» Die «junge Frau» war die Gattin des Gastgebers.
Auch Kinder haben Anspruch darauf, dass sie den Erwachsenen und die Erwachsenen ihnen vorgestellt werden.

Was sagt man nach dem Vorstellen?

Was tun, wenn Sie jemanden vorstellen müssen, den Sie kennen sollten, dessen Namen Sie aber momentan vergessen haben? Ich empfehle ihnen folgenden Trick: Führen Sie die beiden Unbekannten zusammen und sagen Sie: «Ich glaube, die Herren kennen sich schon.» Machen Sie dann eine Pause, und wenn die beiden nicht allzu ungelehrig sind, werden sie den Braten riechen und sich selbst vorstellen. Sind aber beide allzu dickhäutig, warum geben Sie dann nicht einfach zu, dass ihnen der Name soeben entfallen ist. Wenn Sie dies mit Charme tun, wird man Ihnen diese Blöße gerne verzeihen.
Es ist bei uns üblich, wenn man vorgestellt wird, sich andeutungsweise zu verneigen, dem andern die Hand zu geben und einige Worte zu murmeln: «Freut mich sehr», oder «guten Abend, Herr So und so.»
Haben Sie einen Namen nicht verstanden, so

fragen Sie ruhig noch einmal. «How do you spell your name?» sagt der Amerikaner ungeniert. Es ist höflicher, Sie lassen sich einen Namen zweimal wiederholen, als dass Sie nachher Herrn Wattenwyl mit Wadenwyl anreden.

Wenn Sie Herrn von Wattenwyl vorgestellt werden, so können Sie fragen: «Sind Sie verwandt mit Herrn Generaldirektor von Wattenwyl?» Der Betreffende wird Ihnen dann antworten: «Nein, der gehört zur Linie Wattenwyl-Hohenkles. Ich bin ein Wattenwyl-Lehmegg. Im 13. Jahrhundert waren die beiden Linien allerdings ... usw.»

Die Frage nach der Verwandtschaft kann als Einstieg dienen, oft wird dieses Fragen jedoch als taktlos empfunden.

In England ist der Name Brown etwa so häufig wie bei uns der Name Meier. Ein Jugendfreund von mir, dessen Großvater nach Genf ausgewandert war, trug diesen englischen Namen. Wo er hinkam und vorgestellt wurde, die erste Frage lautete stets: «Ah, Sie sind von Baden!», worauf der arme Teufel dann erklären musste: Nein, er hätte mit den Browns von der Firma Brown-Boveri gar nichts zu tun.

Aber auch wenn einer schließlich der Sohn eines berühmten Vaters ist, so will er doch seine eigene Existenz führen und nicht einfach im Schatten des Titanen ein verkümmertes Dasein fristen.

Wenn mancher Mann wüsste ...

Die Engländer halten es für unfein, wenn im Privatleben ihr Beruf erwähnt wird. Sie sprechen auch nie selbst darüber. Die Amerikaner haben in dieser Beziehung eine andere Einstellung.
Ein Amerikaner stellte sich mir vor einiger Zeit auf einem Flug nach New York folgendermaßen vor: «Mein Name ist O'Brien. Es ist das 98. Mal, dass ich über den Atlantik fliege. Ich bin der bekannteste Eisenwarenhändler von Greenhills. Seit zwei Jahren habe ich mich vom Geschäft zurückgezogen. Ich bin 35 Jahre verheiratet, und meine Frau nennt mich immer noch Sweetheart. Ich habe zwei Kinder, einen Sohn, der seit letztem Frühling am Polytechnikum in Boston studiert, und eine Tochter, die ich eben in Paris besucht habe und die dort mit einem Amerikaner verheiratet ist, der die Europa-Generalvertretung für die Freemen-Bürsten hat ... »
Es empfiehlt sich, wenn man Leute miteinander bekannt macht, ein paar Worte über ihren Beruf oder ihre Interessen zu sagen. Das erleichtert den Vorgestellten das Gespräch.
«Herr Weiß, darf ich Sie mit Herrn Schwarz bekannt machen? Herr Schwarz war wie Sie über zehn Jahre in Indien tätig, er hat eine prachtvolle Sammlung indischer Skulpturen.»
Manche Peinlichkeit wäre vermieden worden, wenn mancher Mann wüsste, wer mancher Mann wär ...

Vor vielen Jahren saß ich an einer Einladung einem freundlichen, weißbärtigen Herrn gegenüber, der mir als Herr Duval bekannt gemacht worden war. Seinem Aussehen nach hielt ich ihn für einen Gymnasiallehrer. Wir kamen ins Gespräch, und ich hielt ihm einen langen Vortrag über Zinstheorien, eine Frage, von der ich als frischgebackener Nationalökonom besonders viel zu verstehen glaubte. Mein Gegenüber machte einige Einwendungen, die ich aber ziemlich überheblich widerlegte. Später musste ich erfahren, dass ich mit dem Inhaber einer der größten Privatbanken Belgiens gesprochen hatte. Ich hätte mir vor Scham sämtliche Haare ausraufen mögen.

Der Gebrauch von Titeln

Seit vielen Jahren wird mit mehr oder weniger Erfolg gegen die Unsitte gekämpft, dass sich Frauen mit den Titeln ihrer Männer schmücken. Weder im englischen noch im französischen Sprachgebiet ist Ähnliches üblich.
Man mag diesen Titelmissbrauch noch so verdammen, so muss man sich doch darüber klar sein, dass es in der alemannischen Schweiz immer noch Frauen gibt, die es als Beleidigung empfinden, wenn man ihnen den Titel des Mannes nicht gibt. Die Abhilfe kann nur von den Beteiligten selbst kommen. Die Frauen sollten freiwillig auf alle ihnen nicht zukommenden Titel verzichten und somit vielleicht

auch da und dort noch auf das Privileg, im Laden zuvorkommender bedient zu werden. Was nun die eigenen Titel betrifft: Auch hier sollte von einem übertriebenen Titelgebrauch abgesehen werden. Warum erhält ein fleißiger Geologiestudent einen Doktortitel, den er lebenslang mit sich herumträgt, auch wenn er später faul wird und sich nie mehr weiterbildet. Ein fleißiger Bäcker hingegen, der zeitlebens sich abmüht, trägt keinen solchen. Sind nicht beide Menschen, die einmal, oder wie der Bäcker zeitlebens, etwas Verdienstvolles tun? – Hier müssen wir uns wieder besinnen, wofür Höflichkeit da ist: Um niemanden zu beleidigen. Empfohlen wird, die Titel in dem Maße zu benützen, wie deren Träger daran hängt. Dies setzt natürlich voraus, dass Sie ihn etwas näher kennen. Mit anderen Worten: Benützen Sie die Titel bei allen nicht näher Bekannten und bei denjenigen, die viel Wert auf ihren Titel legen. Dabei gelten folgende Regeln: Es wird von zwei Titeln der höhere verwendet. Wenn jemand Professor und Doktor ist, wird er mit Professor angesprochen. Nationalrat kommt vor Doktor, und Bundesrat oder Regierungsrat vor Oberst. Ein Vizedirektor wird mit Direktor angesprochen. Ein Generaldirektor wird als Generaldirektor vorgestellt, aber – außer von Untergebenen – als Direktor angesprochen. Wenn zwei Personen den gleichen Titel tragen, sollten sie darauf verzichten, ihn gegenseitig zu verwenden. Zwei Universitätsprofessoren reden sich nicht mit Herr Professor an. Herr

Kollega oder ganz einfach der Name genügt. Es wirkt auch veraltet, wenn zwei Bankdirektoren sich gegenseitig mit Herr Direktor titulieren. Ein Oberstleutnant verwandelt sich gesellschaftlich in einen Oberst. Der Korpskommandant, der Divisionär wie auch der Brigadier werden als solche vorgestellt. Vom Major abwärts wird der militärische Grad nicht erwähnt, falls es sich nicht um Instruktionsoffiziere handelt.

Mit Grafen und Fürsten kommen die wenigsten von uns täglich in Berührung. Der Vollständigkeit halber hier die Formel, wie die Herrschaften anzureden sind:

Einen Grafen redet man ganz einfach als «Herr Graf» an, einen Freiherrn mit «Herr Baron», seine Frau mit «Frau Baronin». Gesandte führen den Titel Exzellenz, ohne vorausgehendes «Herr». Einen schweizerischen Gesandten begrüßt man als «Herr Minister».

Im Französischen wird das «Herr» bei allen Titeln weggelassen. Man sagt also nicht «Monsieur le Baron», sondern «Bonjour Baron». Auch nicht etwa «Monsieur le Docteur», sondern «Bonjour Docteur».

Auch im Englischen wird das Wort Mister nie einem Titel vorgesetzt. «How are you, consul general?», aber nicht etwa «How are you, Mister consul?»

In der Schweiz ist es üblich, beim Grüßen und Verabschieden den Namen zu sagen. Wenn Sie den Namen nicht mehr wissen, sagen Sie besser einfach: «Auf Wiedersehen!»

Eine allzu häufige Wiederholung des Namens oder Titels im Gespräch wirkt servil. Sagen Sie: «Danke!», nicht jedesmal: «Danke, Herr Weiß!»
Auf keinen Fall soll man in der dritten Person Singular sprechen, auch nicht von Vorgesetzten. Also nicht: «Wünscht der Herr Direktor auf der Terrasse zu speisen», sondern «Wünschen Sie auf der Terrasse zu speisen?»
Wenn eine Frau von ihrem Ehegatten spricht, soll sie dessen Titel unter keinen Umständen brauchen. Sie soll also ihren Gatten nicht etwa als «Regierungsrat» vorstellen, sondern ausschließlich mit den Worten «mein Mann». Auch gegenüber Drittpersonen soll der Titel nie gebraucht werden.
«Frau Minelli, könnten Sie bitte dem Herrn Doktor ausrichten, dass er nicht zum Metzger zu gehen braucht.» Dies ist undemokratisch und unnatürlich, wenn die Ehefrau eines Arztes so über ihren Mann zu seiner Arztgehilfin spricht.

Das Telefon

Das Telefon ist, besonders im Zeitalter des Mobiltelefons, zu einem nicht wegzudenkenden Kommunikationsmittel geworden. Aber trotzdem scheinen viele Leute nicht zu realisieren, dass es auch Höflichkeit am Telefon gibt. Hier einige Hinweise für das Benehmen am Telefon:

1. In der Schweiz ist es üblich, beim Abnehmen des Hörers deutlich seinen Namen zu nennen. Besonders bei größeren Familien wäre es ratsam, wenn die jüngere Generation auch den Vornamen nennen würde, damit es nicht vorkommt, dass man die Tochter nach den Rheumaschmerzen fragt, die die Mutter plagen.
2. Telefonieren Sie nie zu Essenszeiten. Vermeiden Sie das Telefonieren vor acht Uhr und nach 21 Uhr, oder richten Sie sich nach den Gewohnheiten Ihrer Bekannten: Frühaufsteher oder Nachtschwärmer.
3. Wenn Sie am Telefon etwas erzählen wollen, so fragen Sie doch zuerst, ob der andere auch Zeit hat. Besonders beim Mobiltelefonieren ist darauf zu achten. Wer weiß, vielleicht steht er nur mit einem Tüchlein verhüllt, tropfnass und frierend da oder er wird im Zugabteil von Mitfahrenden mit bösen Blicken bestraft.
4. Auch der Anrufer stellt sich immer deutlich vor.
5. Lassen Sie während des Telefonierens keine Musik im Hintergrund laufen.
6. Entschuldigen Sie sich, wenn Sie eine falsche Nummer gewählt haben. Hängen Sie nicht einfach auf.
7. Muss man an einer Tischrunde unbedingt am Mobiltelefon sprechen, steht man auf und entfernt sich einige Schritte.
8. Während des Essens, eines Konzerts, in Kino und Theater bleibt das Mobiltelefon stumm.

Über Besuche

Mein Haus ist meine Burg

Es gab im Kaukasus Gegenden, wo jedes Gehöft zu einer kleinen Festung mit Ringmauern, Schießscharten usw. ausgebaut war. Auf dem kleinen Turm wachte Tag und Nacht ein Familienglied.

Die große Rechtssicherheit unseres Landes erlaubt, auf solche Schutzmaßnahmen zu verzichten. Unsere Häuser mit ihren niederen Hecken und offenen Gärten sind einladender. Das soll uns aber nicht vergessen machen, dass Privathäuser und Privatwohnungen hauptsächlich deshalb gebaut werden, um dem Bewohner Abschluss gegen die Außenwelt zu gewähren. Auch für den gastfreundlichsten Bewohner gilt noch immer mit mehr oder weniger Einschränkung der Satz: «My home is my castle.» Wenn ein Außenstehender in diese geheiligte Privatsphäre eindringen kann, so ist das eine ziemlich wichtige Sache. Die Bedeutung des Besuches wird bei allen Völkern seit jeher durch lange und feierliche Zeremonien unterstrichen. So war es bei uns auf dem Lande üblich, dass der Besucher erst nach längerem Dialog die Stube betrat, dann erforderte es die Sitte, dass er mit dem Hausherrn ein Glas Wein trank. Alles Bräuche, die eine tiefere Bedeutung haben, als man vielleicht gemeinhin annimmt.

Gebote für den Gast

1. Bleiben Sie nicht zu lange.
   «Chumm, mer wei is Bett, de cha der Herr Pfarrer hei», sagte der Brienzer Bauer seiner Frau, als der junge Vikar, der nach dem Nachtessen zu einem gemütlichen Plauderstündchen gekommen war, um 10 Uhr noch keinen Wank tat.
   «Du böse, böse Uhr, jetzt schlägst du elf und vertreibst mir alle meine Gäste», sagte eine müde Hausfrau, als die zarteren Andeutungen nichts fruchteten. Kürze ist nicht nur die Würze des Witzes, sondern auch des Besuches. Vor allem die sogenannten formellen Besuche, Antrittsbesuche, Beileidsbesuche usw. können nicht kurz genug sein. Aber auch der Besucher, der nur kommt, um ein paar gemütliche Stunden zu verleben, sollte lieber zu früh als zu spät das gastliche Haus verlassen. Wichtig ist, dass man ein Gähnen oder mehrmaliges Auf-die-Uhr-Sehen der Gastgeber zu deuten weiß.
2. Wenn Sie zu der Wohnung oder dem Haus des Gastgebers kommen, so läuten Sie, auch

wenn die Türe offen steht. Es ist vielleicht gerade ein Familienstreit im Gang, und die Leute brauchen einige Sekunden, um freundliche Gesichter aufzusetzen.

3. Wenn Sie warten müssen, vertreiben Sie sich die Zeit nicht mit Lesen der Korrespondenz, die offen auf dem Schreibtisch liegt, auch wenn Sie ein Freund des Hauses sind. Sie können sich die Wartezeit durch Betrachten der Bilder an den Wänden oder der Bücher im Gestell verkürzen.
4. Nehmen Sie erst auf Aufforderung hin Platz. Setzen Sie sich nicht auf einen Sessel, der so entfernt ist, dass die Unterhaltung nur noch im Rufton möglich ist.
5. Wenn Sie vom Gastgeber in ein anderes Zimmer geführt werden, streiten Sie sich nicht über den Vortritt. Als Gast ist es selbstverständlich, dass Sie vorausgehen.
   Streiten Sie sich auch nicht um den unbequemsten Stuhl. Als Gast haben Sie Anspruch auf den bequemsten. Auch in dieser Beziehung haben aber selbstverständlich die Frauen das Vorrecht.
6. Wenn Sie als ungeladener Gast in eine geladene Gesellschaft mit geschlossenem Charakter kommen, zu einem Geburtstagsfest usw., dann bleiben Sie nur auf dringendes Ersuchen.
7. Höflichkeitsformen sind zum Teil Vorsichts- und Schutzmaßnahmen. Je enger die Beziehung zwischen Gast und Gastgeber, um so eher können sie eingeschränkt werden.

8. Ein kleines Gastgeschenk mitzubringen, wenn man zum Nachtessen eingeladen ist, ist bei uns üblich. Eine Flasche Wein, Blumen oder ein kleines Mitbringsel genügt. Vor Übertreibungen sollte man sich hüten. Wenn Sie regelmäßig Freunde zum Essen treffen, abwechselnd bei Ihnen oder bei den Freunden, können Sie ruhig auf das Geschenkeaustauschen verzichten oder zumindest vermeiden, dass jedesmal noch größere Geschenke überreicht werden.
9. Statten Sie jemandem spontan einen Besuch ab, so warnen Sie ihn wenn möglich vorher telefonisch. Kommt ein zweiter, eingeladener Besuch, so brechen Sie unter irgendeinem Vorwand auf, aber nicht in der gleichen Minute, damit es nicht aussieht, als ob Sie vertrieben worden seien.
10. Wenn Sie im letzten Moment eine Einladung absagen müssen, so fragen Sie nicht, ob schon etwas vorbereitet wurde. Sie bringen die Gastgeber nur in Verlegenheit. Was kann eine Hausfrau schon antworten, wenn sie den ganzen Nachmittag mit dem Zubereiten eines achtgängigen Mahles beschäftigt war!
11. Wird Ihnen bei einem spontanen Besuch etwas zu essen oder trinken angeboten, so spielen Sie nicht den Bescheidenen. Das Ritual des Anbietens bedeutet ein Willkommenheißen. Der Gastgeber möchte dem Gast etwas geben. Mit dem Annehmen einer Tasse Tee drückt der Gast gleichzei-

tig aus, dass er den Gastgeber als Mensch annimmt.

12. «A toast to the host!» pflegt man in den USA beim Anstoßen der Weingläser zu Beginn eines Essens zu sagen. Beim «Prost» bietet sich für den Gast die Gelegenheit, sich für den Abend zu bedanken und ein paar nette Worte zu sagen.
13. Auch Kinder sind Menschen, die eine gewisse Zeit brauchen, bis sie mit neuen Gesichtern vertraut werden. Sie fühlen sich überrumpelt, wenn sie von fremden Gästen als erstes in die Arme gerissen werden, oder wenn an ihnen herumgetätschelt wird und sie auf «Guguseli» oder ähnliche Geräusche reagieren sollten. Grüßen Sie sie auf natürliche Art und lassen Sie sich Zeit, mit ihnen vertraut zu werden.

Winke für den Gastgeber

1. Je unerwarteter der Besuch, desto freundlicher sei der Empfang. Jeder Besucher wird sich freuen, wenn Sie ihn mit den Worten: «Das ist aber nett, dass Sie kommen!» begrüßen. Haben Sie jedoch wirklich keine Zeit, weil Sie vielleicht gerade am Verreisen sind, so sagen Sie dies ehrlich. Ihre Unruhe würde man ja sowieso bemerken.
2. Schauen Sie nie auf die Uhr, während ein Gast da ist. La Rochefoucauld sagt mit Recht: «Wir verzeihen oft denen, die uns

langweilen, aber wir können denen nie verzeihen, die wir langweilen.»

3. Wenn ein Gast sich verabschiedet, und es sind noch andere Gäste da, dann begleiten Sie ihn bis zur Türe. Mindestens ein Familienglied muss bei den Gästen bleiben.
4. Wenn der Gast sich verabschiedet, öffnen Sie ihm nicht die Türe, es sieht sonst leicht aus, als ob Sie ihn hinausbugsieren möchten.
5. Läßt der Gast die Türe offen, so schließen Sie sie nicht unmittelbar hinter ihm.
6. Ein Trost für Gastgeber: Besucher bringen immer Freude; wenn nicht bei ihrer Ankunft, so bei ihrem Abschied!

Der Dämon Langeweile

Jedes gesellige Zusammensein birgt neben den Gefahren von Streit, Trunkenheit, vor allem eine große Gefahr: die Langeweile!»
Die Schwierigkeit liegt darin, dass an jeden geselligen Anlaß zwei Anforderungen gestellt werden:
Er soll nicht langweilig sein.
Die Stimmung soll friedlich sein.

Diese beiden Erfordernisse widersprechen sich leider allzuoft. Sind die Gäste rücksichtsvoll, liebenswürdig und konventionell, so besteht die Gefahr, dass der ganze Abend den Stempel dämonischer Langeweile trägt. Sind die Anwesenden in ihrer Unterhaltung unkonventionell,

nicht zurückhaltend, so leidet darunter oft die friedliche Stimmung.
Wichtig ist vor allem, dass versucht wird, die Gruppenbildung zu erleichtern. Eine Gesellschaft von acht bis zehn Personen kann nicht stundenlang eine gemeinsame Konversation führen. Es ist unerläßlich, dass sich zwei bis drei Gruppen bilden.
Es gibt zwei Arten Gäste, welche die Geselligkeit gefährden: diejenigen, die gar nichts reden, und diejenigen, die zu viel reden. Am allerpeinlichsten ist es, wenn die Gastgeber selber zur Kategorie der Dauerredner gehören. Bei jeder Einladung sollen die Gäste dominieren, nicht die Gastgeber. Die weiblichen Gäste werden sich nie wohl fühlen, wenn die Frau des Hauses ihre Sonderstellung dazu missbraucht, sich selbst in den Vordergrund zu drängen.
Die Gäste sollten aber auch ihrerseits nicht zuviel von sich selber reden. Doch ist es gar nicht so schlimm, wenn sie von dem sprechen, was sie wirklich verstehen, beispielsweise von ihrem Beruf. Und bei solchen sachlichen Themen ist die persönliche Meinung durchaus gefragt und jedenfalls interessanter als das, was «man» konventionellerweise so sagt. Das Erzählen von Witzen kann belebend wirken; kann man jedoch damit nicht mehr aufhören, so bedeutet das wahrscheinlich, dass man sich nicht viel zu sagen hat. Verhindert werden muss, dass das Gespräch eine Richtung nimmt, die nur einen Teil der Gäste interessiert. Es ist für Nicht-Automobilisten äußerst langweilig,

wenn sich Automobilisten über die Vor- und Nachteile verschiedener Autotypen unterhalten. Skierlebnisse interessieren nur Skifahrer und Fußballgespräche nur Fußballfanatiker.
Alle Gäste erbleichen, wenn der Gastgeber unaufgefordert beginnt, den Eingeladenen Photographien oder Dias aus seinen Sommerferien zu zeigen.
Lassen Sie Gäste, welche nicht oder wenig trinken, in Gottes Namen in Ruhe. Es gibt nichts Unangenehmeres als Gastgeber, die einen nötigen, viel zu essen; Sei es, man ringe mit einigen überflüssigen Pfunden, oder man habe einfach schon genug gegessen. – Für den Gast gilt es, von allen Gerichten etwas zu essen. Für den Koch ist es deprimierend, wenn er das Gefühl hat, sein Essen finde keinen Anklang.

Einladungen

In welcher Form lädt man ein?

Formelle Einladungen erfolgen schriftlich, solche an nähere Bekannte mündlich oder telefonisch. In beiden Fällen aber heißt die Grundregel: Seien Sie deutlich. Lassen Sie die Gäste genau wissen, ob die Einladung zum Essen oder nur zu einem Glas Wein oder einer Tasse Kaffee gilt. Im letzteren Fall sagen Sie zu Ihrem Arbeitskollegen nicht: «Meine Frau und ich würden uns freuen, Sie morgen abend bei uns zu sehen.» Sonst müssen Sie riskieren, dass er punkt acht Uhr mit seiner Gattin bei Ihnen erscheint, während Sie eben am Dessert sitzen. Vielleicht ist er zu schüchtern, etwas zu sagen, aber er wird den ganzen Abend mit knurrendem Magen bei Ihnen sitzen. Oder die Einladung galt wirklich fürs Nachtessen, und der Betreffende erscheint um halb neun Uhr. Er hat zu Hause eine Riesenportion seines Lieblingsgerichtes gegessen und bringt beim besten Willen den nötigen Appetit für ein zweites Essen nicht mehr auf.

Wenn man als Eingeladener nicht weiß, woran man ist, so scheue man sich nicht zu fragen.
Wenn ein Gast, der zufällig anwesend ist, gebeten wird, beim Essen mitzuhalten, «ganz ohne Umstände», dann sollen auch wirklich alle Umstände unterbleiben. Es wirkt peinlich auf diesen Gast und zeugt von geringem Selbstbewusstsein der Gastgeberin, wenn nachher ein aufgeregtes Türenklappern beginnt, die Kinder im Galopp in eine Metzgerei springen, dem Konditor telefoniert wird usw.
Teilen Sie es Ihren Gästen mit, falls Galagarderobe getragen werden sollte. Auch möchte jeder Eingeladene gerne wissen, welche Leute miteingeladen sind und um welchen Anlass es sich handelt. Es wäre unangenehm, erst beim Anblick des kerzengeschmückten Geburtstagskuchens zu merken, dass es sich um das Geburtstagsfest der Gastgeberin handelt.

Pünktlichkeit ist die Höflichkeit der Könige

In manchen Ländern und Kreisen gehört es zum guten Ton, mindestens eine Viertelstunde zu spät zu kommen. Bei uns ist es allgemein üblich, pünktlich zu sein. Hat man eine Verabredung im Freien, ist dies ja einleuchtend. Pünktlichkeit gilt jedoch genauso für Einladungen bei jemandem zu Hause. Die Wartezeit vor Beginn des Mahles ist immer eine kleine Tortur, alle Gemarterten werden die Ver-

längerung dieser Tortur dem Urheber mit Recht übel nehmen.
Unpünktlichkeit ist aber auch eine Beleidigung der Hausfrau, denn jedes Essen wird verdorben, wenn es nicht pünktlich serviert werden kann.
Es ist jedoch auch unhöflich, zu früh zu erscheinen. Oft sind die Gastgeber noch in letzter Minute mit Vorbereitungen beschäftigt und geraten durch die zu früh erscheinenden Gäste in Verlegenheit.
Die Herren dürfen sich nicht setzen, solange eine Dame steht. Kommt eine Dame zu einem bereits sitzenden Kreis hinzu, erheben sich die Herren andeutungsweise und rücken ihr den Stuhl zu recht.
Es gilt als unhöflich, mit dem Essen zu beginnen, bevor die Gastgeberin zu essen beginnt. Diese Regel gilt aber nur für kleinere Gesellschaften (vor allem gilt sie im Familienkreis; es sollte nicht vorkommen, dass der Gatte bereits ein ganzes Kotelett heruntergeschlungen hat, bevor die Ehefrau nur mit dem Ausschöpfen der Suppe an die Kinder fertig ist).
Wie viele Gäste sollen zusammen zum Essen eingeladen werden? Entweder so wenige, dass sich alle am gleichen Gespräch beteiligen können, oder so viele, dass die Möglichkeit besteht, Gesprächsgruppen zu bilden. Günstig sind drei bis fünf und zehn bis zwölf Personen, eher ungünstig sieben bis acht. Es ist nicht nötig, dass die Anzahl Männer und Frauen gleich groß ist. Laden Sie eine Frau, deren

Mann sich auf eine Geschäftsreise begeben hat, auch ohne ihn ein. Überhaupt allein stehende Frauen schätzen es sehr, wenn sie nicht einfach vergessen werden, nur weil man keinen männlichen Tischnachbarn aufbieten kann.

Das richtige Platzieren erfordert besonders bei größeren Einladungen Überlegung, man sollte es deshalb nicht dem Zufall überlassen, es ist sonst nicht sicher, dass die Frauen Tischnachbarn erhalten. Meistens ergibt es sich dann noch, dass ausgerechnet die Personen zusammensitzen, welche bei einer Einladung getrennt werden sollten: Ehepartner, Bruder und Schwester, Mutter und Sohn; also diejenigen, welche auch im gewöhnlichen Leben ohnehin zusammen sind, oder solche Gäste, die sich nicht besonders mögen. Bei formelleren Anlässen kann man die Partner auch zusammensetzen. Sie fühlen sich dabei unter vielen Unbekannten vielleicht etwas wohler.

Der Gast, den man am meisten ehren will, sitzt rechts neben der Gastgeberin, seine Gattin rechts vom Gastgeber. Das Gastgeberehepaar muß seinen üblichen Platz am Tisch nicht aufgeben, wenn Gäste da sind.

Für sogenannte formellere Einladungen werden oft gedruckte Karten verwendet. In einer untern Ecke stehen dann die geheimnisvollen Buchstaben UAWG oder RSVP. Das heißt «Um Antwort wird gebeten» oder «Répondez, s'il vous plaît).

Sich für eine Einladung zu bedanken sollte selbstverständlich sein. Dies kann schriftlich oder telefonisch erfolgen. Jeder Gastgeber hört auch gerne, wie es seinen Gästen gefallen hat. Zusagen wie Absagen müssen umgehend erfolgen.

Rühmen und Kritisieren

«Bitte noch ein Tässchen, Frau Huber.»
«Sie sind sehr gütig, aber ich kann wirklich nicht mehr.»
«Aber Sie trinken ja gar nicht, schmeckt Ihnen der Kaffee nicht?»
«Der Kaffee ist herrlich, aber, usw. usw.»
Das Nötigen zum Zugreifen und das Ablehnen gehörten früher zum guten Ton. In gewissen Landesgegenden der Schweiz sind diese Zeremonien noch jetzt gang und gäbe. So hörte ich von Bekannten, die einer Tessinerin aus einem abgelegenen Tal nach einem langen Marsch etwas zu trinken anboten. Sie lehnte ab. Da die Bekannten nicht aus jener Gegend stammten, ließen sie es dabei bewenden. Die Tessinerin erzählte aber später, dass sie der Durst sehr quälte, es jedoch nicht wagte, etwas zu trinken anzunehmen, da es ihr nicht wiederholt angeboten wurde. Vor allem in städtischen Verhältnissen hat es sich eingebürgert, nur einmal zu fragen. Ist es nicht viel angenehmer für die Gastgeber, die Wünsche der Gäste zu kennen?
Absolut veraltet ist auch das Gesellschaftsspiel vom Rühmen des Gastes und vom Sichverkleinern der Hausfrau.

«Ein ganz herrlicher Kuchen. Woher haben Sie dieses fabelhafte Rezept?»
«Schmeckt es ihnen? Er ist leider diesesmal nicht recht geraten, ich habe wieder zu wenig Backpulver hineingetan.»
«Er ist doch ausgezeichnet, usw.»
Chinesischer Dialog. *Gastgeber:* «Entschuldigen Sie, dass ich miserable Kreatur es wage, einen so erlauchten Feinschmecker mit diesen mißratenen Hundekuchen zu belästigen.»
Gast: «Ich wage kaum, diese herrliche Götterspeise mit meiner entarteten Zunge zu entweihen.»
In China (ich war nie in China) soll es üblich sein, sich auf diese Weise auszudrücken. Es ist peinlich, wenn die Hausfrau sich selbst herabsetzt. Sie soll sich nie wegen der Quantität des Essens entschuldigen, noch viel weniger natürlich wegen der Qualität, da ein Koch seinen eigenen Speisen gegenüber oft zu kritisch ist. Natürlich gilt dies nicht, wenn eine Speise wirklich missraten ist.
Wenn die Hausfrau entschuldigend sagt: «Wissen Sie, bei uns geht es sehr einfach zu, wir essen am Abend nur wenig Fleisch», so hat das auf den hereingeschneiten Gast die gleiche Wirkung, wie wenn man ihm sagt: «Wie ärgerlich, dass Sie so unvermutet gekommen sind, jetzt reicht es natürlich nicht für alle.»
Auf dem Teller liegen noch zwei Stück Kuchen. «Darf ich noch etwas Kuchen haben?» bettelt der Vierjährige. «Nein, du hast bereits ein Stück gehabt», verweist die Mutter streng, um sich

gleich darauf liebenswürdig lächelnd an den Gast zu wenden: «Nehmen Sie nicht noch einmal, Herr Doktor, die Stücke sind ja so klein!» Ist es da für den Gast noch möglich, sich ein weiteres Stück Kuchen zu nehmen?
Die Gäste kritisieren das Essen ja nie, aber nicht selten kritisiert es der Ehemann. Fast jedermann verträgt Kritik, sei es am Essen, an der Kleidung oder sogar an der körperlichen Erscheinung, aber nie, unter keinen Umständen, wenn andere Leute zugegen sind.
Es gibt Gäste, welche meinen, es sei plump, sich über das Essen zu äußern, und jeder Ausdruck der Freude wirke unfein. «Verschlinge besonders delikate Gerichte nicht mit deinem Blick!» heißt es in einem bekannten Anstandsbuch. Das Gegenteil ist richtig. Nichts ist langweiliger als ein Gast, der die wunderbarste Forelle verschwinden lässt, als esse er trockenes Brot. Auch beim feierlichsten Diner erfreut ein Lob die Hausfrau (genau wie im besten Restaurant ein Lob den Koch erfreut). Überhaupt unterscheiden sich die gewandten Gäste von den ungewandten dadurch, dass sie nicht wie Snobisten auftreten, sondern ihren Gefühlen Ausdruck geben.
Aber jedes Kompliment verkehrt sich in eine Beleidigung, wenn es gedankenlos angewandt wird. Sie können ungestraft jederzeit jedem Mann sagen, er sei gescheit, und jeder Frau, sie habe schöne Augen. Aber es wirkt eher beleidigend, wenn Sie einer Frau sagen, sie sehe blühend aus, während sie weiß, daß sie toten-

bleich ist. Genauso ist es unangebracht, wenn Sie eine Omelette, die ganz offenbar angebrannt ist, in alle Himmel erheben.

Die richtige Gabel

Bevor wir vom Besteck reden: Die Ellbogen gehören nicht auf den Tisch, weder vor, während und nach dem Essen beim Plaudern. Engländer und auch Amerikaner haben die Gewohnheit, den linken Arm während des Essens auf dem Schoss zu haben. Das gilt hierzulande als schlechte Haltung. Ist die linke Hand nicht mit dem Besteck beschäftigt, liegt sie bei uns leicht und natürlich auf dem Tischrand.

Mancher kommt bei einem formelleren Essen in Verlegenheit wegen des richtigen Gebrauchs der vielen Messer, Gabeln und Gläser. Wenn man nicht ganz sicher ist, so schaue man wie die Gastgeberin sie benützt.

Das Besteck oberhalb des Tellers ist für das Dessert bestimmt. Es sind dies von innen nach außen: eine kleine Gabel, ein kleines Messer, ein Dessertlöffel. Wobei sie so hingelegt sind, daß man sie gleich mit der richtigen Hand greifen kann. Das große Besteck rechts und links vom Tellerrand gilt für das Hauptgericht. Dann folgen Fischbesteck, Besteck für die Vorspeise und außen rechts der Suppenlöffel. Die Sache ist ganz einfach: man beginnt mit dem äußersten Besteck, das ja für die richtige Hand hinge-

legt ist, endet mit dem Besteck am Tellerrand, und zum Schluss benützt man das Dessertbesteck, das oben liegt.
Ein kleiner Teller, der von Anfang an neben dem großen Teller steht, ist meistens für Salat oder Brötchen bestimmt. Schalen mit Wasser dienen zum Spülen des Obstes oder Reinigen der Fingerspitzen. Der Weißwein kommt in das Glas ohne Fuß, der Rotwein in das Fußglas. Von zwei Fußgläsern dient das niederere für Rotwein, das höhere, schlankere für Weißwein. Spitzkelche oder Schalengläser werden für Champagner verwendet. Wasser wird im allgemeinen in ein Glas ohne Fuß oder dann in das größte Glas gegossen.
Wie gebraucht man das Besteck? In den Vereinigten Staaten gilt es als ungezogen, die Gabel mit der linken Hand zum Munde zu führen, bei uns hingegen wird nach dem Zerschneiden des Fleisches das Messer in der rechten und die Gabel in der linken Hand behalten.
Nur Kinder zerschneiden das ganze Fleisch in kleine Stücke und fangen erst dann an zu essen.
Eine gewisse Unsicherheit herrscht hie und da über den Gebrauch des Messers. Es ist gebräuchlich, dass man das Brot nicht schneidet, sondern in mundgerechte Stücke bricht; nur Butterbrote darf man zuschneiden. Früchte werden von oben nach unten zerteilt, nicht rund herum geschält, natürlich mit Ausnahme von Zitrusfrüchten. Das Messer wird bekanntlich nicht in den Mund genommen, schon deshalb nicht, weil sonst die Zuschauer Angst haben, der Betreffende könnte sich in die Zunge

schneiden. Wenn man bei einem bestimmten Gericht nicht weiß, ob man das Messer anwenden soll, so ist es vorsichtiger, sich nur der Gabel zu bedienen.

Dass Fisch nicht mit einem Messer geschnitten wird, setzt voraus, dass ein spezielles Fischmesser vorhanden ist.

Während des ganzen Mittelalters kannte man den Gebrauch der Gabel noch nicht. Allgemein, auch in den feinsten Kreisen, wurde die fünfzinkige Gabel, d.h. die Hand, verwendet. Heute werden nur noch jene Speisen mit der Hand gegessen, welche ganz sauber sind oder bei denen es nicht gut anders geht. Spargeln und Artischocken werden mit den Fingern gegessen. Die Sitte, einen Teil der Spargel liegen zu lassen, kommt davon, dass das Ende der Spargel oft holzig ist. Büchsenspargel, heute häufig serviert, kann man vollständig essen.

Kleines Geflügel darf man in die Hand nehmen, einen ganzen Gänseflügel oder einen grossen Pouletknochen abzunagen sieht unschicklich aus.

Krebse werden mit den Fingern gegessen, die Scheren mit einem Nussknacker geöffnet und ausgesogen.

Schnecken werden mit einer Gabel (oft gibt man eine besonders konstruierte Gabel) aus der Schale gezogen. Ebenso werden die in Frankreich und Belgien so beliebten Moules mit der Gabel aus dem Gehäuse gezogen. Austern werden auch bereits geöffnet serviert. Man tropft etwas Zitronensaft darauf, löst die Auster mit

der Gabel von der Muschel, auf der sie angewachsen ist, und schlürft sie hierauf samt dem Meerwasser.
Kleine belegte Brötchen und trockenes Backwerk werden mit den Fingern gegessen, ebenso Gartenerdbeeren oder Radieschen, falls der Stengel noch vorhanden ist.
Ein Weinglas wird ganz unten gehalten, Biergläser hält man in der Mitte. Wenn man kein Nachgießen wünscht, wehre man mit der Hand leicht ab, man legt nicht das Menü oder die Serviette darauf.
Beim Kaffeetrinken (besonders wenn der Kaffee oder Tee serviert wird, während man nicht mehr am Tisch sitzt) hält man die Tasse mit der rechten Hand, mit der linken Hand die Untertasse darunter, damit eventuelle Tropfen aufgefangen werden. Den kleinen Finger wegzuspreizen wirkt geziert. Nie trinkt man aus einer Tasse, während der Löffel noch darin ist.

Kleine Missgeschicke

Es gilt als unschicklich, Sauce mit Brot aufzutunken oder Brot in Kaffee einzubrocken. Meiner Ansicht nach zu Unrecht. Es hat durchaus nichts Unästhetisches an sich, und es ist nicht einzusehen, weshalb so Köstliches in den Kehrichteimer soll. Es hat Zeiten gegeben, zu denen es als fein galt, Speisen im Teller liegen zu lassen, sozusagen als markantes Symbol dafür, dass mans hat und vermag. Heute gilt diese

sinnlose Verschwendung eher als ungezogen, besonders wenn man die Quantität beim Schöpfen selber bestimmen kann.
Ein Appenzeller Bauer erzählte mir folgendes Erlebnis: Er speiste einmal in einem sogenannt besseren Restaurant. Es gab Braten mit einer ausgezeichneten Sauce. Nachdem er das Fleisch gegessen hatte, begann er diese Sauce so, wie es bei ihm zu Hause üblich war, mit dem Brot aufzutunken. Die mitleidig lächelnden Blicke der Kellner und der anderen Gäste machten ihn durchaus nicht irre. «Mein Vater hat mich gelehrt, dass es eine Sünde ist, Esswaren fortzuwerfen, und dass es sich gehört, den Teller sauber aufzuputzen», sagte er mir.
Leider fehlt vielen von uns dieses Selbstbewusstsein, sobald es sich um Umgangsformen handelt. Gerade die sozial gehobeneren Schichten glauben zu Unrecht, die Sitten des Auslandes, die sich dort unter dem Einfluss der Höfe herausgebildet haben, seien kultivierter als unsere eidgenössischen Traditionen.
Ich sehe durchaus nichts Unschickliches darin, ich halte es für selbstverständlich, dass man sich bückt, um einen auf den Boden gefallenen Löffel aufzuheben. Wenn aber der Löffel unter den Tisch fällt, ist es vielleicht doch weniger störend, man verlangt einen Ersatz. Wenn einer Frau etwas hinunterfällt, so soll sie das Aufheben ihrem Tischnachbarn überlassen, wenn sie sich gleichzeitig auch bückt, könnten ihre Köpfe empfindlich zusammenschlagen.
Kleine Missgeschicke lassen sich nicht vermei-

den. Das beste ist, möglichst wenig Aufhebens davon zu machen. Es ist unangebracht von einem Gast, einen Fleck roten Weines auf dem Damasttischtuch mit einem Teller verdecken zu wollen, oder, wenn sich der Sünder in langatmigen Entschuldigungen ergeht. Es ist direkt eine Beleidigung, wenn der Schuldige offeriert, den Schaden zu begleichen. Es wäre jedoch nichts als recht, wenn er der Gastgeberin, deren Tischtuch oder Kleid er ruiniert hat, bei Gelegenheit einmal eine Gefälligkeit tut oder etwas schenkt. Ein unvorsichtiger Gast zerschlug eine wertvolle Vase. Der Gastgeber nahm das Pendant in die Hand, zerdrückte das hauchdünne Porzellan und sagte freundlich lächelnd: «Ich weiß schon, die Vasen zerbrechen außerordentlich leicht.»

Geraucht werden kann heute höchstens nach dem Essen und auch das nur, wenn man des Einverständnisses der Gastgeberin gewiss ist.

Man steht natürlich nicht vom Tische auf, bevor die Hausfrau sich erhebt.

Ist das Essen beendet, so wird die Serviette rechts vom Teller auf den Tisch gelegt. Sie wird weder ganz zerknüllt noch zusammengefaltet, außer man sei zu einem mehrtägigen Besuch eingeladen. Dann wird die Serviette zusammengelegt. Vielleicht erhält man einen Serviettenring, wo man sie hineinstecken sollte.

Es gibt darüber eine Anekdote! Ein junges Mädchen hatte drei Bewerber, alle drei gefielen ihr gleich gut. «Lade alle drei zum Nachtessen ein, nachher will ich dir sagen, welchen du heiraten

sollst», sprach der Vater. Das Urteil war eindeutig. «Den A mußt du nicht heiraten, er ermangelt des zuverlässigen Charakters, den dein Gatte besitzen sollte: er hat seine Serviette zusammengeknüllt auf dem Tisch liegen gelassen. Den B solltest du auch nicht heiraten. Er ist ein Pedant, er hat seine Serviette wieder schön in Falten gelegt. Heirate den C; seine Serviette lag nach dem Essen ganz leicht gefaltet auf dem Tisch.» Auf jeden Fall hat C das getan, was nach allgemeiner Anschauung zum guten Ton gehört.
Die Serviette wegzulegen ist das Zeichen, dass die Tafel aufgehoben wird. Dieses Zeichen geben die Gastgeber.

Der Gast hat immer recht

Es mag ungebildet sein, Fisch mit dem Messer zu essen, noch ungebildeter aber ist es, sich darüber aufzuhalten, wenn ein anderer Fisch mit dem Messer isst. Als 1870 der Schah von Persien im Hôtel de Ville in Paris eingeladen war, warf er die Hühnerknochen, die er abgenagt hatte, in weitem Bogen hinter sich auf den Boden. Die ganze Tischgesellschaft tat desgleichen. Ein solches Verhalten sollte eigentlich selbstverständlich sein. Als die Mutter Goethes, als sie sah, dass ein Gast den Fisch mit dem Messer zerschnitt, sich sofort auch eines Messers bediente, so tat sie damit nur, was ein höflicher Gastgeber immer tun sollte.
Ich kannte einen Herrn, der sich den Spaß

erlaubte, bei einem Bankett Austern zu servieren, weil er wusste, dass die Mehrzahl seiner Gäste keine Ahnung davon hatte, wie man Austern isst. Er freute sich darüber, wie die Eingeladenen in ihrer Hilflosigkeit dagegen verstießen, was er als guten Ton kannte, und dachte nicht daran, dass bei der ganzen Feier nur ein Lümmel zugegen war: er selbst.

Denn alle Verhaltungsmaßregeln für den Gastgeber lassen sich in einem Grundsatz vereinigen: Der Gast ist heilig.

Brillat-Savarin, der nicht nur ein großer Kenner von Brathühnern und Forellen, sondern auch der menschlichen Gesellschaft war, sagt in seinen Aphorismen sehr gut:

«Ladest du einen Freund zu Tische, dann liebe ihn von ganzem Herzen, solange er bei dir weilt.»

Auch der Gast muss von der gleichen Einstellung beseelt sein.

Es ist selbstverständlich, dass die Gäste beim Abtischen helfen und vorschlagen, beim Abwaschen behilflich zu sein. Die Hilfe sollte jedoch nicht aufgedrängt werden. Wehrt eine Hausfrau ab, so hat sie sicher ihren Grund dazu; die Küche ist vielleicht sehr klein oder es herrscht ein großes Chaos, das sie geniert, oder sie will ganz einfach die Gemütlichkeit nicht stören und später aufräumen.

Gäste zum Übernachten

Raum ist in der kleinsten Hütte für ein zärtlich liebend Paar, und Raum ist in der kleinsten Zweizimmerwohnung, um zwei Gäste zu logieren. Man muss sich allerdings entsprechend einrichten, sei es mit einem bequemen oder aufklappbaren Sofa, mit einem Klappbett oder mit einer Gummimatratze. Gutherzige Gastgeber stellen den Gästen gelegentlich das Eheschlafzimmer zur Verfügung und schlafen dann selbst auf Notbetten. Ein Eheschlafzimmer ist jedoch ein höchst persönlicher Raum. Ein Gast fühlt sich darum vielleicht wohler in einem Schlafsack.

Sieben Regeln für den Gastgeber

1. Sobald ein Gast zum Übernachten ankommt, soll man ihm etwas zu trinken anbieten und dann ein Bad offerieren. Dazu richtet man Badetuch und Waschlappen bereit. Die meisten Gäste schätzen es sehr, wenn sie sich nach Ankunft richtig erfrischen können. Nicht umsonst gehörte das Vorbereiten eines Bades schon im Altertum zu den Pflichten eines Gastgebers.
2. Jeder Gast fühlt sich angenehm berührt, wenn man ihm in sein Zimmer einige Blumen und auf das Nachttischchen einen Teller mit etwas Obst stellt. Auch etwas Lektüre sollte auf dem Nachttischchen liegen.

3. Man soll dem Gast, der ein paar Tage bleibt, sofort einen Hausschlüssel aushändigen. Erst dadurch wird er unabhängig. Natürlich ist die Abgabe eines Schlüssels ein Vertrauensbeweis; aber ein solcher ist ja schon die Gewährung der Gastfreundschaft an sich. Gäste, bei denen man Angst hätte, sie könnten etwas stehlen, soll man nicht einladen.
4. Man sage dem Gast von vornherein, er könne den Zeitpunkt des Morgenessens selber bestimmen. Es gibt Frühaufsteher und Spätaufsteher. Die letzteren sind besonders im Ausland viel zahlreicher als bei uns, und diesen Menschen wird der ganze Aufenthalt verdorben, wenn sie gezwungen sind, um sieben Uhr aufzustehen, damit sie um halb acht Uhr mit der Familie frühstücken können. Bei größeren Familien empfiehlt es sich, dem Gast mitzuteilen, zu welcher Zeit das Badezimmer am wenigsten benützt wird. Es ist unangenehm, wenn der Vater unrasiert zur Arbeit muss, der Sohn mit zerzausten Haaren in die Schule geht und die Tochter ihren Lockenwickler nicht holen kann, nur weil der Gast auf die Idee kam, von sieben bis acht Uhr ein ausgedehntes Bad zu nehmen, und dadurch das Badezimmer blockiert.
5. Man mache keine besonderen Umstände mit dem Kochen. Man esse so, wie man sonst isst, mit einer Ausnahme: Man frage den Gast, ob er lieber Kaffee oder Tee trinke, und gebe ihm das Gewünschte. Es gibt Teeisten

und Kaffeeisten. Beiden ist ihr Lieblingsgetränk unentbehrlich, wenn sie sich wohl fühlen sollen.

6. Jeder Gast wird es schätzen, wenn man ihm einen Stadtplan in die Hände drückt.
7. Nochmals sei an die ganz allgemeine Regel erinnert: Der Gast ist heilig.

Neun Regeln für den Gast

Auch der Gast sollte sich an einige Grundregeln halten. Die wichtigste ist die, dass er die Gastgeber möglichst wenig beanspruchen soll.

1. Er darf aus diesem Grunde, wenigstens in größeren Städten, die Gastgeber nicht veranlassen, ihn am Bahnhof oder Flughafen abzuholen. Er soll angeben, wann er ungefähr im Haus der Gastgeber ankommt, und, wenn er viel Gepäck oder Orientierungsschwierigkeiten hat, ein Taxi nehmen.
2. Der Gast soll kurz nach seiner Ankunft mitteilen, wie lange er zu bleiben gedenkt. Die Gastgeber möchten gerne wissen, ob der Gast zwei oder fünf Tage bleibt, sollten aber begreiflicherweise nicht selber danach fragen.
3. Die Gastgeber schätzen es, wenn der Gast bei seinem Aufenthalt etwas Initiative entwickelt.

   Es ist durchaus nicht nötig, dass er, wenn er einen Abend zu Hause bleibt, jede Minute mit dem Gastgeber verbringt. Dieser wird es ihm sicher nicht übelnehmen, wenn er sich gelegentlich in sein Zimmer zurückzieht. Es ist auch am Gast und nicht am Gastgeber, beim abendlichen Zusammensitzen das Zeichen zum Aufbruch zu geben. Lieber früher als später!

4. An vielen Orten, vor allem aber in den angelsächsischen Ländern, ist es üblich, die Türe offen zu lassen, wenn man das Badezimmer verlässt. Die andern wissen dann, dass dieser Raum frei ist. Junge Schweizer im Ausland verstoßen oft gegen diese Sitte und bringen dadurch ihre Mitbewohner zur Verzweiflung. Diese meinen nämlich, weil die Badezimmertüre geschlossen ist, der Gast befinde sich noch im Badezimmer.
5. Es ist selbstverständlich, dass der Gast, sei es Mann oder Frau, seine Schuhe selbst putzt, das Bett selbst macht und das Gästezimmer in Ordnung hält.
6. Soll man Telefongespräche bezahlen? Das kommt auf die Umstände an. Es gehört sich, immer um die Erlaubnis zu fragen, bevor man das Telefon benützt. Lokalgespräche sind nicht zu begleichen, wohl aber Ferngespräche, es sei denn, dass der Gastgeber diese Bezahlung ernsthaft ablehnt. In dieser Beziehung wird erstaunlich viel gesündigt. Ein international bekannter Dirigent war bei einer – allerdings sehr wohlhabenden – Schweizer Familie zum Wochenende eingeladen. Der ausländische Gast hatte die Unverfrorenheit, bei dieser Gelegenheit auf

Kosten seines Gastgebers seinem Agenten nach New York zu telefonieren.

7. Es gehört sich, dass der Gast den Gastgebern ein kleines Geschenk mitbringt. Ich sage ausdrücklich ein kleines Geschenk; ein wertvolles Geschenk zu geben ist eine Geschmacklosigkeit, denn das sieht nach Bezahlung aus. Eine Aufmerksamkeit aber ist unerlässlich, auch wenn der Gast jung ist und nicht über viele Mittel verfügt. Bei längerem Besuch wird es auch geschätzt, wenn der Gast die Gastgeber einmal auswärts zum Nachtessen einlädt.
8. Ein Gast sollte versuchen, sich den Sitten des Hauses, also den Gastgebern, anzupassen. Ein junges, unverheiratetes Paar muss es in Kauf nehmen, dass konservativ eingestellte Gastgeber sie in zwei getrennten Zimmern unterbringen.
9. Immer aber, unter allen Umständen, gehört es sich, dass der Gast dem Gastgeber nach der Abreise nochmals, wenn möglich schriftlich, dankt. Diese Anstandsregel wird auf der ganzen Welt strikte befolgt. Wer gegen sie verstößt – und auch das kommt leider bei Schweizern nicht selten vor – gilt mit Recht als ungezogen.

Im Hotel

Es gibt Menschen mit Examenangst, mit Platzangst usw. Sie sind Ausnahmen. Wenn man aber sieht, wie ängstlich und ungeschickt sich die Leute (sofern sie nicht berufsmäßig reisen) verhalten, sobald sie eine Hotelhalle betreten, so könnte man meinen, dass Menschen mit einem Hotelkomplex häufig sind.
Wieso kommt es wohl, dass besonders viele Leute vor jedem Hotelportier zittern? Unser Hotelbetrieb ist daran nicht ganz unschuldig. Gerade die sogenannten besseren Hotels und Restaurants haben in ihrer äußeren Aufmachung die aristokratischen Formen des «ancien régime» übernommen. Jene alten Herrschaften legten Wert darauf, ihre gesellschaftliche Bedeutung durch eine Menge goldbetresster Lakaien zu unterstreichen. Dies hat man bei uns nachgeahmt. Nicht zum Vorteil des Hotelbetriebes. Die ganze Inszenierung ist aber nicht so gefährlich, wie sie aussieht. Der gigantische Portier, der olympische Concierge, der undurchdringliche Liftboy, der makellose Kellner, sie sind alle nicht so gigantisch, olympisch, undurchdringlich und makellos, wie sie aussehen, sondern harmlose Bürger wie Sie und ich, nur mit dem Unterschied, dass sie ihr Lebensberuf in eine gewisse Maske zwingt. Sie bilden durchaus nicht eine feindliche Gruppe, die nur darauf ausgeht, die Blößen des harmlosen Gastes ausfindig zu machen, sie sind im Ge-

genteil freundlich oder zum mindesten neutral eingestellt und wie alle Menschen froh darüber, wenn man ihnen gegenüber liebenswürdig ist.
Was Anstand ist, ist auch im Hotel Anstand. Verhalten Sie sich im Hotel wie in einem Privathaus, wo Sie als Gast eingeladen sind, und Sie können nicht fehlgehen.
Beim Betreten der Halle sagen Sie guten Tag, sagen Sie adieu und sagen Sie vor allem für jede empfangene Dienstleistung danke.
Ein Hotel ist ein Geschäft, das Unterkunft und Nahrung verkauft. Es ist deshalb durchaus nicht ungehörig, sich nach dem Preis des Zimmers zu erkundigen. Sie setzen sich auch nicht herab, wenn Sie ein billigeres Zimmer verlangen als dasjenige, das Ihnen zuerst offeriert wird.
Falls es Ihnen peinlich wäre, ein Hotel wegen des zu hohen Zimmerpreises wieder zu verlassen, so kaufen Sie sich vorher ein Hotelführer, in dem die Preise angegeben sind.
Wenn Sie ein schweres Gepäck haben, so riskieren Sie die kleine Ausgabe und stellen es im Bahnhof ein, wenn Sie ein Hotel suchen. Mit dem Gepäck von Hotel zu Hotel zu pilgern ist natürlich etwas unangenehm.
In kleineren Hotels wenden Sie sich wegen des Zimmers an den Concierge, der gewöhnlich in der Halle steht. Wenn Sie aber noch ein zweites Pult entdecken, an dem «Empfang» oder «Réception» steht, dann wenden Sie sich dorthin. Ob nun hinter diesem Pult ein Herr in schwarzer Jacke und grauen gestreiften Hosen oder ein uniformierter Concierge steht, beide

werden Ihren freundlichen Gruß zu schätzen wissen.
Auch die Trinkgeldfrage ist gar nicht so kompliziert. In der Schweiz ist ja meistens die Bedienung in der Rechnung inbegriffen. Wollen Sie aber doch etwas Trinkgeld geben, so liegt die Höhe ganz in Ihrem Ermessen. Es soll dann nie als Selbstverständlichkeit, sondern immer als Anerkennung für besonders aufmerksame Bedienung oder Betreuung gegeben werden. Es ist kein Almosen und wird nicht von einem gnädigen Herablassen begleitet. Im Hotel gibt man dem Portier, dem Gepäckträger, dem Kellner und dem Zimmermädchen am Schluss des Aufenthaltes ein Trinkgeld. Wichtig ist, dass man es persönlich übergibt. Vergessen Sie aber nicht: Ein freundliches Wort, ein höflicher Dank sind oft ebensoviel wert wie einige lässig hingeworfene Münzen.
Dass man auch im Hotelzimmer einigermaßen aufräumt, das Bett zurückschlägt usw., ist selbstverständlich.

Wie man sich erkenntlich zeigt

Der westeuropäische Reisende mag oft beim Empfang einer gesalzenen Hotelrechnung mit Sehnsucht an die Gastfreundschaft sogenannt primitiver Völker denken, wo der Fremdling in irgendeine Hütte oder irgendein Zelt eintreten kann, um mit offenen Armen willkommen geheißen zu werden, wo man ihm das Beste, was man hat, anbietet und ihn beim Fortgehen mit Segenswünschen begleitet.

Die Gastfreundschaft in manchen außereuropäischen Ländern ist in der Tat sehr weitgehend, aber sie ist in Wirklichkeit nicht ganz so uneigennützig, wie mancher glaubt, der nie an Ort und Stelle war. Auch dort ist es üblich zu bezahlen, was man genossen hat. Es wäre vielenorts eine Beleidigung, dem Gastgeber Geld anzubieten, aber er erwartet ganz selbstverständlich eine entsprechende Belohnung in Form eines Geschenkes. Es gilt als ungeschriebenes Gesetz, dass der Gast sich nicht auf Kosten des Gastgebers bereichern soll.

Genau das gleiche Gesetz regelt auch die private Gastfreundschaft bei uns. Auch unser modernes geselliges Leben beruht im großen und ganzen auf dem Prinzip: do ut des, ich gebe, damit du gibst. Ausgenommen sind nur die Beziehungen zwischen Verwandten und wirklichen Freunden. In allen andern Fällen fährt man nicht gut, wenn man empfangen will, ohne entsprechende Gegenleistung zu bieten.

Die Art und Weise, wie diese Gegenleistung, dieses «Zurückgeben», erfolgt, ist ein Gradmesser für die soziale Kultur eines Menschen. Die Kunst des «Zurückgebens» beruht gerade darin, die Rückgabe in eine möglichst nette und indirekte Form zu kleiden. Man kann nicht mehrere Male zu Gast sein, ohne eine Gegeneinladung ergehen zu lassen. Aber man sollte sich hüten, den Rückzahlungscharakter dadurch zu betonen, dass unmittelbar jedes Nachtessen mit Suppe, Fisch und Fleisch durch ein anderes Nachtessen mit Suppe, Fisch und Fleisch revanchiert wird.

Ein junger oder alleinstehender Mensch ist vielleicht nicht in der Lage, bei sich zu Hause Einladungen zu veranstalten. Das enthebt ihn aber nicht der Pflicht, sich zu revanchieren. Man muss ja nicht Gleiches mit Gleichem vergelten! Er kann die gastfreundliche Familie einmal zu einem Ausflug oder in ein Restaurant einladen, er kann ihr auch zu Weihnachten ein Geschenk machen. Von jungen Leuten, die wenig Geld haben, erwartet man nicht eigent-

liche Gegenleistungen. Aber auch sie sollen sich von Zeit zu Zeit mit einer Kleinigkeit revanchieren. Das gilt auch für Nichten und Neffen.
Für jung und alt gilt der Grundsatz, dass man sich bedankt und zwar schon in den folgenden Tagen. Doppelt dankt, wer schnell dankt.
So angebracht es ist, größere Werte, die man erhalten hat, in irgendeiner Form zurückzuerstatten, so verletzend wirkt die plumpe Anwendung dieses Grundsatzes bei unbedeutenden Dingen, zum Beispiel bei einer einmaligen Einladung.
Es ist vielfach üblich, dass der Gast der Gastgeberin eine kleine Aufmerksamkeit widmet: Blumen, ein paar Pralinés. Diese Geschenke haben lediglich Symbolcharakter. Sie sollen mit Sorgfalt ausgewählt werden, sie sollten jedoch nicht teuer sein.
Ein Geschäftsfreund wird auf der Durchreise zu einem ziemlich üppigen Nachtessen eingeladen. Am nächsten Tag wird im Hause des Gastgebers eine Flasche Likör im Werte von etwa Fr. 30.– mit einer Visitenkarte des Gastes abgegeben. Der gute Mann hat nach seiner Schätzung für etwa Fr. 30.– gegessen und getrunken und bezahlt nun am andern Tage die imaginäre Rechnung. Solche Geschenke wirken taktlos.
Blumen müssen mit Grazie entgegengenommen werden. Die Gastgeberin soll auf keinen Fall die Blumen liegenlassen. Sie soll in Gegenwart des Gastes eine Vase holen und die

Blumen hineinstellen. Geschenke anderer Art sind auch sofort auszupacken und zu bewundern.

Gesellige Veranstaltungen

Tanzanlässe

«Tanzen, tanzen, meine Herren!» pflegte die Frau eines Obersten in einer deutschen Garnisonsstadt den eingeladenen Offizieren zuzurufen. «Sie sind nicht zum Vergnügen hier!»
Die Gastgeber sind jedoch nicht befugt, den Gästen bei einem Tanzabend Befehle zu erteilen. Sie würden es wahrscheinlich oft sehr gerne tun.
Das Tanzen hat einen merkwürdigen Doppelcharakter: es ist einerseits Vergnügen und anderseits Pflicht. Wie immer in solchen Fällen, entstehen Konflikte. Die beiden Seiten widersprechen sich: Freiwilligkeit gehört zum Wesen des Vergnügens, jedes Vergnügen aber wird schal, wenn ein Zwang dabei ist.
Der Doppelcharakter des Tanzens kommt daher, dass oft das Tanzen für die Frauen eine größere Bedeutung hat als für Männer. Für die Herren bedeutet Tanzen nichts anderes als eine Unterhaltung, ein Sport, wie Skifahren oder Pokerspielen. Für die Frauen kommt noch ein

anderes Moment dazu: Auch wenn eine Frau an sich nicht gern tanzt, so ist es ihr doch wichtig, zum Tanz aufgefordert zu werden. Jeder Tänzer ist ein Paris, der bei jedem Tanze den Apfel neu zuteilt.

Daraus ergibt sich: An einem Tanzanlass muss man unbedingt mit jenen Frauen tanzen, an deren Sympathie einem gelegen ist: also zum mindesten mit der Gastgeberin, den Töchtern des Hauses, den Frauen von Freunden (sonst hört die Freundschaft auf) und den Gattinnen der Vorgesetzten (besonders in Krisenzeiten) und natürlich mit jenen, die einem sympathisch sind.

Vereinigen Sie sich deshalb an Tanzanlässen nicht zu kleinen Herrengesellschaften, die Wein trinken und Witze erzählen, während viele der anwesenden Frauen als Mauerblümchen herumsitzen. Es ist mehr als unhöflich und herzlos. Auch die Herren, die kritisierend herumstehen, wirken alles andere als angenehm.

Wenn Sie durchaus nicht tanzen mögen, dann setzen Sie sich wenigstens neben eine Frau, die nicht tanzt, und plaudern Sie mit ihr.

Einen Tanz ohne Grundangabe abzulehnen ist unhöflich. Sie können unter irgendeinem Vorwand ablehnen oder auch sagen, dass sie im Moment keine Lust zum Tanzen haben. Sie können Müdigkeit, Kopfweh vorschützen. In diesem Fall aber ist es unumgänglich, dass sie die nächsten drei bis vier Tänze nicht tanzen.

Wie bittet man zum Tanz? Der Herr macht eine

leichte Verbeugung und sagt: «Darf ich um diesen Tanz bitten?»
Die Frau antwortet: «Sehr gern», oder aber: «Es tut mir sehr leid, ich bin etwas müde und möchte sitzen bleiben.»
Der Herr, der eine Frau zum Tanze bitten will, soll direkt auf sie zugehen, ohne sich zuerst prüfend umzuschauen, wie wenn er in einem Fischladen einen Karpfen auswählen würde. Wenn die Frau, mit der Sie tanzen wollen, ablehnt, dann ziehen Sie sich wieder auf Ihren Platz zurück. Engagieren Sie nicht eine andere Dame, die unmittelbar in der Nähe sitzt. Niemand spielt gern die Rolle der zweiten Garnitur.
Wenn man sich verbeugt, soll man sich so verbeugen, dass keine Irrtümer entstehen, nicht dass gleichzeitig zwei nebeneinander sitzende Frauen aufstehen.
Die Fadheit der sogenannten Tanzstunden- oder Ballgespräche ist notorisch. Es ist durchaus nicht nötig, während des Tanzens zu sprechen, außer es quält Sie eine dringende Frage, die Sie der Partnerin stellen wollen:
«Essen Sie gern Käse?»
«Nein!»
Pause.
«Isst Ihr Bruder gern Käse?»
«Ich habe keinen Bruder.»
Pause.
«Wenn Sie einen Bruder hätten, würde er gern Käse essen?»
Wenn Sie Ihrer Partnerin auf den Schuh treten,

so entschuldigen Sie sich. Warten Sie nicht mit Engagieren, bis die Hälfte des Tanzes vorbei ist. Engagieren Sie bei den ersten Klängen.
Bei unformellen Anlässen oder wenn man sich kennt, kann auch ruhig eine Frau einen Mann zum Tanz bitten.
Das Tanzen ist eine Art Gesellschaftsspiel: es dient nicht in erster Linie zur Befriedigung des Zärtlichkeitsbedürfnisses. Drücken Sie deshalb Ihre Partnein nicht an sich, es sei denn, dieselbe sei zufällig gleichzeitig Ihre Geliebte, oder Sie möchten, dass sie es wird!
Am Schluss des Tanzes führen Sie Ihre Partnerin oder Ihren Partner zurück an seinen oder ihren Platz. Vergessen Sie nicht, sich für den Tanz zu bedanken.
All diese Anregungen in Bezug auf Tanzanlässe gelten natürlich nicht für Dancings und Diskotheken. Dort herrschen oft ganz andere Regeln: je auffälliger und verrückter, desto besser. Ganz abgesehen davon, dass man in einer «Disko» selten mehr zum Tanz auffordert, sondern ganz einfach mit sich selbst tanzt!

Maskenbälle

Wie Sie es ja nicht machen sollen!

1. Maskenbälle sind dazu da, Ihre geheime Sehnsucht zu befriedigen. Tragen Sie ein Kostüm, das Ihrem Charakter möglichst entgegengesetzt ist. Als älterer Herr gehen Sie

als Troubadour. Für eine ältere Frau eignet sich ein Girlkostüm sehr gut.

2. Ein Maskenkostüm kann man nicht ein zweites Mal tragen. Es ist deshalb praktisch, Sie mieten es in einer Leihanstalt.
3. Sehr empfehlenswert sind ausgesprochene Charaktermasken, wie Teufel oder Hexe. Sie unterhalten sich dadurch glänzend, dass Sie den ganzen Abend eine Rolle spielen müssen.
4. Noch besser, Sie kostümieren sich überhaupt nicht, sondern begnügen sich, die Maskierten zu kritisieren.
5. Wenn Ihnen eine Maske «Du» sagt, lassen Sie sich das nicht bieten.
6. Denken Sie immer daran: «Wer zahlt, befiehlt!» Wenn Sie also einer Frau ein Getränk bezahlt haben, gibt Ihnen ein Anrecht, mit dieser Partnerin im entsprechenden Betrag zu schmusen. Wenn Sie Champagner bezahlt haben, erhöht sich das Recht um den entsprechenden Betrag.
7. Lassen Sie sich nicht bieten, dass eine Maske von Ihrem Tische wieder fortgeht, nachdem sie auf Ihre Kosten konsumiert hat. Durch die Bezahlung haben Sie die Maske sozusagen gemietet.
8. Am besten gehen Sie auf den Maskenball mit Ihrer Frau und reservieren sich ein Zweiertischchen. Dann sind Sie vor unangenehmen Überraschungen sicher.

Theater, Kino und Konzerte

Die Verhaltensregeln für das Theater sind sehr einfach, was aber nicht heisst, dass sie befolgt werden. Es verhält sich mit den guten Umgangsformen wie mit allen Lehren der praktischen Moral: Man verstößt nicht deshalb so oft gegen sie, weil man sie nicht kennt, sondern weil man sie im Moment vergisst, d. h. vergessen will, kurz und gut: aus Rücksichtslosigkeit.

Der klassische Fall ist das Zuspätkommen im Theater. In letzter Minute hat man immer noch etwas zu erledigen. Die Minuten sind leider so kurz ... !

Eine mittelalterliche Legende erzählt von einem Klosterbruder, der in den Wald ging, um zu beten, und als er zurückkam, im Glauben, nur fünf Minuten der Andacht gewidmet zu haben, waren 100 Jahre verflossen. – In dieser Beziehung, nämlich was die Zeit angeht, sind wir kleine Heilige.

Wenn man schließlich im Theater ankommt, hat das Stück bereits begonnen. Es wäre noch entschuldbar, wenn sich diese Zuspätkommenden begnügen würden, bis zur ersten Pause bescheiden in einer Ecke zu stehen. Die Rücksichtslosigkeit beginnt aber dort, wo diese Zuspätkommenden «à tout prix» den bezahlten Platz aufsuchen wollen, natürlich nicht ohne dass durch das Aufstehen der Nachbarn und Getuschel das ganze Publikum gestört wird.

Wenn man einen Platz im Innern einer Reihe aufsucht, soll man die andern, die deswegen aufstehen müssen, um Entschuldigung bitten

und ihnen gleichzeitig danken. Dabei muss das Gesicht und nicht etwa die Rückseite den Leuten, die aufstehen müssen, zugekehrt sein, schon deshalb, weil Sie dann besser kontrollieren können, wie weit Ihr Körperumfang zu der beschränkten Passage passt.
Wie soll man seine Anteilnahme am Stück äußern? In jeder Form, wenn dadurch Zuschauer oder Schauspieler nicht gestört werden. Also klatschen, stampfen, pfeifen, Bravo aus Begeisterung rufen, oder eben nicht klatschen und pfeifen und «Buh» rufen aus Missfallen.
Es gibt im deutschen Sprachgebiet mehr als in andern Ländern Bühnenstücke, bei denen das Happy-End durch das Gegenteil ersetzt ist. Wenn nun am Schlusse des dritten Aktes der Held nach Sibirien verschleppt wird, die Frau sich in der Wolga ertränkt und die Tochter ihren Entschluss bekanntgibt, einen unmoralischen Lebenswandel zu führen, soll man dann klatschen? Die Mehrzahl des zivilisierten Theaterpublikums scheint der Ansicht zuzuneigen, ergreifendes Schweigen sei das einzig richtige Verhalten in einem solchen Moment. Eventuelle Beifallsversuche naiver oder unsensibler Seelen werden durch Zischen zum Verstummen gebracht. Ich glaube nicht, dass die Schauspieler diese Feinfühligkeit schätzen. Der Schauspieler will Applaus, Applaus für seine Leistung, sei sie nun komischer oder tragischer Art. Schweigen, auch ergriffenes Schweigen, wirkt auf ihn wie eine kalte Dusche.
Im französischen Midi werden die Sänger

immer nur unter der Bedingung engagiert, dass sie dem Publikum gefallen. Die ersten drei Abende gelten als Feuerprobe. Und das Publikum ist in einem Land, in dem jeder Ausläufer auf dem Velo vollständige Opern-Ouvertüren pfeift, sehr kritisch. Wehe dem Tenor, der den Ansprüchen nicht gerecht wird! Orangen, Eier, zusammengeknüllte Zeitungen dienen der entfesselten Menge als Bombardiermaterial. Wie der Stierkämpfer, so ist auch der Sänger Gegenstand stürmischer Beifallsbezeugungen und ebenso stürmischer Ablehnungsäußerungen. Das mag für den einzelnen Schauspieler oft grausam sein, aber trotzdem ist ein solches Publikum den Leuten von der Bühne lieber als eines, das sich im Guten wie im Schlechten absolut passiv verhält. Unser Publikum lässt sich die jämmerlichste Darbietung gefallen, ohne zu mucksen. Tell-Aufführungen, bei denen die Schauspieler schon im ersten Akt auf offener Bühne offenbare Schindluderei mit ihrer Rolle treiben, erwecken nicht die kleinste Protestäußerung.

Auch wenn man negative Äußerungen in Bezug auf die Schauspieler ablehnt, sollte doch unbedingt das Recht, sein Missfallen am Stück äußern zu dürfen, gewahrt sein. Wenn die Tendenz eines Stückes Sie in tiefster Seele empört, warum sollen Sie nicht dieser Empörung durch Pfeifen Ausdruck geben, vor allem wenn Sie nicht während der eigentlichen Aufführung, sondern nach Schluss des Aktes pfeifen?

Irgend jemand hat gesagt, man könne den

Charakter eines Menschen nirgends so gut beurteilen wie in den Situationen, in denen er lacht. Es ist eigentümlich, dass gerade bei den ergreifendsten Stellen, bei denen sich dem ernsthaften Theaterbesucher das Herz zusammenkrampft, ein Teil des Publikums in schallendes Gelächter ausbricht. In dem Film «Der Dritte Mann» sucht am Schluss der Verbrecher vergeblich einen Ausweg aus einem Kanalisationsschacht. Wo er auch hinzufliehen versucht, überall steht einer seiner Häscher. Die verzweifelten Fluchtversuche des Menschen, der merkt, dass er verloren ist, erwecken bei einem Teil des Publikums Lachstürme. Es hat keinen Zweck, sich darüber aufzuregen. Wer genauer hinhorcht, wird merken, dass im Grunde dieses Lachen mehr nervöser Art ist. Viele Menschen müssen zwangsweise lachen, sobald sie wirklich ergriffen werden, sei es beim Hören einer Todesnachricht oder beim Anhören eines Dramas.

Wenn Sie dieses Lachen stört, dann verfallen Sie wenigstens nicht in den gleichen Fehler! Wenn Sie als feinsinniger literarischer Kopf irrtümlicherweise in ein recht kitschiges Kinostück geraten, in dem am Schluss unter schmalziger Orchesterbegleitung das Förstermaderl von dem flotten Husarenleutnant auf ewig Abschied nimmt, weil die Standesunterschiede doch gar zu groß sind, wenn dann rechts und links die Schnupftücher zum Vorschein kommen, dann äußern Sie bitte nicht Ihre Verachtung gegen diese Mentalität durch Lachen oder durch laute, störende Bemerkungen. Nicht wahr, die andern Zuschauer haben gleichviel bezahlt wie Sie und wollen sich nicht durch Ihren Snobismus die Stimmung verderben lassen. Vielleicht sind Ihre Nachbarn sogar literarisch so urteilsfähig wie Sie, aber sie haben gerade deshalb die paar Franken bezahlt, um für ihr Geld einmal nach Herzenslust weinen zu können, und das ist ihr gutes Recht.

Der Sinn der Theateraufführung liegt gerade darin, dass man ein Kunstwerk in Gemeinsamkeit mit andern betrachtet (deshalb das unbefriedigende Gefühl, das ein halbleeres Theater auch bei ausgezeichneter Aufführung im Zuschauer hinterlässt).

Für Theater- und Konzertbesuche sollte man sich so schön wie möglich kleiden. Ein Maß dafür gibt es nicht, die Geschmäcker sind ja verschieden. Jeder kleidet sich so, wie er sich am schönsten findet: Für den einen ist es ein Seidenabendkleid mit Pelzcape, für den andern eine Manchesterhose mit dem schönsten selbstgestrickten Pullover. – Man denke daran, auch das beste Parfüm kann, im Überfluss angewendet, die Nase reizen!

Fixieren Sie nicht einzelne Paare oder gar einzelne Besucherinnen mit dem Opernglas.

Naschen Sie nicht Schokolade während der Aufführung.

Sitzen Sie einigermaßen unbeweglich. Wenn Sie sich bald zu Ihrem Nachbarn zur Linken, bald zu dem zur Rechten wenden, sind alle hinter Ihnen gezwungen, Ihre Bewegungen nach-

zumachen, denn die Sicht vom Parkett auf die Bühne ist stets eine Lückensicht. Nichts ist ärgerlicher, als ein ständiges Getuschel des Paares, das vor einem sitzt, anzuhören.
Kaufen Sie ein eigenes Programm, schielen Sie nicht ins Programm Ihres Vordermannes.
Die Begleiterin hat immer Anspruch auf den bessern Platz, auch wenn dieser Platz links und nicht rechts von Ihnen ist.
Stürmen Sie nicht panikartig zur Garderobe, bevor der Vorhang gefallen ist.
Für Konzerte und Vorträge gelten ähnliche Regeln wie für das Theater, nur dass hier die Rücksichtnahme auf die Nächsten wenn möglich noch größer sein muss.
Wenn Sie an hartnäckigem Husten leiden, so besuchen Sie bitte keine Konzerte.
Rascheln Sie nicht mehr als nötig mit dem Programm.

Über das Verhalten beim Spiel

Zwei Geschwister spielen das Mühlespiel. Der neunjährige Ernstli Weiß zieht sichtbar den Kürzern. Jetzt hat er nur noch drei Steine. In höchstens zwei Minuten wird er endgültig verloren haben. Die um zwei Jahre ältere Schwester überlegt sich den nächsten Zug. Auf einmal steht Ernstli mit rotem Gesicht auf, ruft: «Mit dir mag ich überhaupt nicht mehr spielen, du machst immer so lange», und wirft alles durcheinander. Endresultat: allgemeines Geschrei.

Dreißig Jahre später:
Herr Ernst Weiß macht mit seiner Frau und einem Freund einen Jass. Seine Frau und er sind Partner. Die Situation ist kritisch. Der Freund ist im Vorsprung. Aber es besteht begründete Hoffnung, dass er diesmal keinen einzigen Stich macht. Da macht Frau Weiß einen unverzeihlichen Fehler. Sie beachtet nicht, dass ihr Gatte die Karten bereits abgestochen hat, und wirft aus Versehen noch ein Herzas ein. Wieder bekommt Ernst einen roten Kopf. Erregt steht er auf, schleudert die Karten auf den Tisch und ruft: «Das ist ja kein Spiel!»
Endresultat: Der Freund ist beleidigt, die Gattin kämpft mit Tränen.
Man sagt, man könne einen Menschen nur beurteilen, wenn man ihn an der Arbeit gesehen habe. Aber es ist merkwürdig: es ist im allgemeinen leichter, mit andern zusammen zu arbeiten, als mit ihnen zusammen zu spielen. Die meisten von uns zeigen gerade bei der Ausübung eines Vergnügens ihre unangenehmsten Seiten. Das kommt daher, dass wir von klein auf gelernt haben, uns bei der Arbeit einzuordnen. Uns im Spiel zu vertragen haben wir weniger gelernt.
Betrachten Sie in irgendeinem Dorf oder einer Stadt der Schweiz Schulkinder, die Fußball spielen: Viel Geschrei und wenig sportliche Leistung. Vier Fünftel der Zeit werden durch fruchtlose Auseinandersetzungen darüber verwendet, ob der Ball wirklich ins Goal gegangen sei, ob ihn niemand mit der Hand berührt habe usw.

Wenn fünf kleine Schweizer einen Wettlauf arrangieren, so wird mit absoluter Sicherheit einer losspringen, bevor das Kommando gegeben ist. Und derjenige, der als Zweiter ins Ziel kommt, wird behaupten, Erster gewesen zu sein. In den englischen Mittelschulen betrachtet man es als eines der Hauptziele der Erziehung, die Kinder zum «fair play» zu erziehen.

How to win without grimaces,
How to lose without dry faces.
(Gewinnen, ohne Grimassen zu schneiden,
Verlieren, ohne den Mund zu verziehen.)

Der Jass hat bekanntlich für viele unserer Landsleute den Charakter einer eigentlichen rituellen Handlung, auf die unter keinen Umständen verzichtet wird. Ich habe einen höheren Beamten in Bern gekannt, der sich rühmte, in den letzten 16 Jahren nicht ein einziges Mal, den Sonntag inbegriffen, zwischen 1 und 2 Uhr am Stammtisch gefehlt zu haben. Gerade weil bei uns so häufig Karten gespielt wird, ist es um so unbegreiflicher, dass nicht gewisse elementare Höflichkeitsformen bei der Ausübung dieser Spiele selbstverständlich geworden sind.

An vielen Jasstischen herrscht ein unhöflicher, oft geradezu gehässiger Ton. Derjenige, der gute Karten hat, äußert seine Freude darüber in einer Art, die den Gegner enervieren muss: durch Pfeifen zwischen den Zähnen, durch Singen, durch Ausstoßen von gurgelnden Lauten, durch herausforderndes Klopfen beim Ausspielen der Karten. Der Verlierer macht aber

ein Gesicht, als ob er einen persönlichen Affront erlitten hätte.
Es ist auch ungehörig, während oder nach dem Spiel seinem Partner die Fehler vorzuhalten, die er gemacht hat, eine Unart, welcher vor allem die Herren der Schöpfung ihren Gattinnen gegenüber frönen.
Zugegeben: man spielt zum Vergnügen, um sich zu entspannen. Aber eine gewisse Selbstbeherrschung, eine gewisse Beachtung von Formen ist auch beim Spiel nötig.
Wer es nicht fertigbringt, auch dort einmal nachzugeben, wo er sich im Recht glaubt, sollte die Hände von jedem Kartenspiel, vielleicht überhaupt von jedem Spiele lassen.

Kleiner Autoknigge

«Sicherheit durch Höflichkeit» stand anläßlich einer Verkehrsaktion auf Spruchbändern in Zürich zu lesen. Es ist merkwürdig, wie Automobilisten, die sonst durchaus höflich und wohlerzogen sind, sich nicht scheuen, ungeschickte Fußgänger mit den gröbsten Schimpfwörtern zu bedenken. Vor allem das Duzen ist gang und gäbe. In vielen Schweizern steckt ein kleiner Polizist, der bei jeder Gelegenheit seinen Mitmenschen eine Verkehrslektion erteilen will.
Ich fuhr einmal mit einem sehr liebenswürdigen Bekannten durch die Bellerivestraße in Zürich. Auf dem Trottoir bei einem Fußgän-

gerstreifen unterhielten sich zwei ältere Frauen. Eine davon verabschiedete sich plötzlich und überquerte unerwartet die Fahrbahn. Der Fahrer riss einen Stopp. Dann streckte er seinen zornesroten Kopf zum Wagenfenster hinaus und rief der Fußgängerin zu: «Du tummi Baabe, chasch nüd besser uufpasse!» Eine Sekunde nachher erstarrte er buchstäblich, dann erschien auf seinem Gesicht ein gequältes Lächeln: «Entschuldiged Si, ich ha Si nüd kännt.» Die Fußgängerin, die er angefaucht hatte, war die Gattin seines Arbeitgebers. – Heute sind Automobilisten auch ihrerseits Opfer von Anrempelungen.

Das Zauberwort für die Lösung aller Probleme des menschlichen Verkehrs, also auch des Straßenverkehrs im engern Sinn, heißt: Rücksicht. Fast alle Höflichkeitsformen sind so gestaltet, dass der Stärkere Rücksicht auf den Schwächeren nimmt. Der Stärkere ist hier der Motorisierte, der Schwächere der Fußgänger. Es fehlt in dieser Beziehung nicht an Kenntnissen von dem, was sich schickt, aber an der Anwendung der Anstandsregeln. Auch gegenüber anderen Autofahrern sollte man höflich sein. Wenn man sieht, dass ein Auto aus einer Seitenstraße in die viel befahrene Hauptstraße, auf der man fährt, einbiegen will, so kann man doch auch einmal anhalten und dem Autofahrer ein Vortrittszeichen geben. Man verliert ja kaum Zeit dadurch, und das kleine Opfer macht dem anderen das Autofahren angenehmer.

Nicht aus bösem Willen, sondern aus Ungeschicklichkeit machen Automobilisten und ihre Fahrgäste viele Fehler. Wenn ein Automobilist ein Ehepaar zum Mitfahren einlädt, ist es selbstverständlich, dass die beiden Gäste nicht hinten Platz nehmen, sonst wird der Besitzer des Wagens zum Chauffeur degradiert. Die Frau entscheidet, ob sie es vorzieht, neben dem Fahrer zu sitzen oder allein, hinten.

Wenn man gemeinsam ein Restaurant besucht, sollen die Gäste warten, bis der Automobilist seinen Wagen parkiert hat. Es ist ungehörig, dass sie bereits das Essen bestellen und den Fahrer sich allein abmühen lassen.

Bei Ferienreisen sollen die Mitfahrer vorschlagen, die Fahrkosten zu teilen. Bei Tagesausflügen wirkt ein solcher Vorschlag etwas kleinlich. In diesem Fall empfiehlt es sich, dass die Gäste, wenn man einkehrt, den Wagenbesitzer einladen. Fährt man hingegen regelmäßig mit jemandem auf kurzen Strecken mit, so sollte man hie und da eine Tankfüllung Benzin finanzieren.

Nach Einladungen soll man nicht einen anderen Gast zwingen, bei der Nachhausefahrt einen großen Umweg zu machen. Man soll rechtzeitig aufbrechen, damit diese Situation nicht entsteht, oder dann ein Taxi bestellen.

Jetzt noch ein Votum für die Autostopper, die man immer wieder am Straßenrand sieht. Die Automobilclubs raten vor dem Mitnehmen unbekannter Menschen oder dem Einsteigen in ein fremdes Auto ab. Obwohl die Gefährlichkeit durchaus einzusehen ist, sollte man sich bei den heutigen Umweltproblemen überlegen, bevor man alleine im Auto sitzend an einem einsam an der Straße Stehenden vorbeibraust. Er sollte jedoch nur mitgenommen werden, wenn auf der betreffenden Strecke keine öffentlichen Verkehrsmittel fahren. Hat man sich entschlossen den Anhalter mitzunehmen, so lässt man zuerst das Wagenfenster hinunter und gibt sein Fahrziel bekannt. Hat sich der Fahrgast erst einmal bequem niedergelassen, so stellt sich oft das Problem, ob man miteinander ein Gespräch beginnen soll. Es gibt Autofahrer, welche sich enorme Mühe geben, eine Konversation einzufädeln:

«Wohin musst Du?

«Sie können mich dort vorne, beim Schulhaus, aussteigen lassen.»

«Aha! Du bist ein Schüler vom Schulhaus Lindenberg! Bist Du nicht ein bisschen spät dran? Da wird Dein Lehrer aber keine Freude haben!»

«Das glaube ich kaum, denn ich bin selber der Lehrer.»

Der gute Autofahrer hatte sich auf die Straße konzentriert und dabei nicht realisiert, dass er einen jungen Lehrer mitgenommen hatte und nicht einen älteren Schüler.

Als Autofahrer sind Sie nicht verpflichtet, ein Gespräch anzubahnen. Sie können sich ruhig ganz dem Verkehr zuwenden. Der Autostopper sollte aus dem Verhalten des Fahrers herausspüren, ob ein Gespräch erwünscht ist.

Von der Kleidung

Einem amerikanischen Boxer, der in London die Weltmeisterschaft errang, wurde die Ehre zuteil, vom Prinzen von Wales zu einer Tea-Party in einem Landhaus eingeladen zu werden. Der Prinz, der Sachverständige des guten Geschmacks der englischen Gesellschaft, trug bei diesem Anlass Knickerbockers, die andern Herren waren ähnlich zwangslos gekleidet, wie es sich für eine Tee-Einladung geziemt. Der Ehrengast aber erschien im Frack mit weißer Krawatte und mit Diamanten besetzten Manschettenknöpfen.

Nachher über seine Eindrücke befragt, antwortete der Schwergewichtsmeister: «Es war sehr hübsch, leider war ich der einzige Anwesende, der korrekt angezogen war.»

Wir gewöhnlichen Sterblichen besitzen nicht dieses vielleicht beneidenswerte Selbstbewusstsein. Wir empfinden es peinlicher, bei einer Einladung als einziger einen formellen Anzug zu tragen, als unter lauter formell Angezogenen der einzige in Jeans zu sein.

Daraus ergibt sich die Regel, dass man sich im

Zweifelsfall lieber zu wenig, als zu feierlich anzieht. Handelt es sich um einen speziellen Anlass, erkundigt man sich vorher, was man tragen sollte. Es ist angebracht, dass der Gastgeber bei Einladungen, wo er eine besondere Garderobe wünscht, dies vorher bekannt gibt.
Die Herrenmode wandelt sich nicht so schnell wie diejenige der Damen. Trotzdem ist es schwierig, das Maß zu finden, ohne allzu modisch oder veraltet zu wirken. Das Erstere kann auch teuer zu stehen kommen.
Eine allzu ängstliche, an die jeweilige Modeströmung angepasste Kleidung wirkt uniform, sei es bei Geschäftsleuten, die sich mit den neusten Anzügen und mit der modischen Krawatte kleiden oder bei Jungen, die Jeans tragen und Krawatten geradezu mit Verachtung ablehnen. Wie viele Möglichkeiten gibt es doch, durch die Kleidung etwas Persönliches auszudrücken. Wie dem auch sei, eine sportlich-elegante Kleidung ist selten fehl am Platz.
Bei der Garderobe der Männer kommt es auf eine gewisse natürliche Gepflegtheit an. Allzu peinliche Korrektheit wirkt beinahe so unangenehm wie allzu große Vernachlässigung.

Die Lebensabschnitte und ihre Zeremonien

Aus Tauf-, Hochzeits- und Grabgeläut mischt sich der Klang des Lebens.

Die großen Ereignisse des Lebens sind auch heute noch von ganz bestimmten Zeremonien begleitet. Der Ursprung dieser Zeremonien liegt in grauer Vorzeit, oft sogar noch weiter zurück als die Anfänge des Christentums. Sie sind zum großen Teil nicht mehr recht verständlich. Aber wir dürfen nicht vergessen, dass sich hinter den bizarren Formen uralter Sinn und uralte Symbole verbergen.
Sitten sollen nicht eherne Fesseln sein, die uns drücken. Das Leben ändert sich, und auch die Sitten müssen sich fortwährend ändern. Aber man sollte nicht alte Sitten mutwillig durchbrechen, nur weil man sie nicht versteht. Der einzelne Mensch ist ja nur ein Glied in der Kette der Generationen. Wenn in der Kette ein Glied fehlt, ist sie zerbrochen. Wir rationalistischen, individualistischen Menschen der Gegenwart haben manchen Brauch, dem tiefer

Sinn innewohnte, verständnislos zum Verschwinden gebracht. Unsere Kinder, die vielleicht wieder mehr Sinn für Symbolik haben, werden uns dafür keinen Dank wissen.

Die Taufe

Durch die Taufe wird das kleine Kind aufgenommen in die christliche Gemeinschaft, so wie die Konfirmation Aufnahme des jungen Menschen in die Gesellschaft der Erwachsenen bedeutet.

Die Geburt eines Kindes geht nicht nur die Eltern an. Deshalb wird sie Verwandten und Freunden mitgeteilt.

Man schickt der jungen Mutter, der man gratuliert, Blumen oder irgendein Geschenklein für das Kind, ein Kleidchen, ein Spielzeug, eine Decke. Für die Farben der Kinderkleider gibt es heute keine Regeln mehr. Auch kräftige Töne sind erlaubt.

Die Namengebung ist sehr wichtig. Es gibt Psychologen, welche die Ansicht vertreten, der Name bedinge in weitgehendem Maße das Schicksal eines Kindes. Man hat deshalb früher mit einer Feder in die Bibel gestochen, und der erste Name, auf den man stieß, wurde zum Namen des Kindes. Eine Sitte ist immer noch, dass der erste Knabe den Vornamen des Vaters, das erste Mädchen den Vornamen der Mutter trägt. Als zweiter Name wird oft der Vorname des Göttis oder der Gotte verwendet.

Die Kinder sind den Eltern nicht als Eigentum gegeben. Kinder müssen ihr eigenes Leben führen. Sie sind nicht dazu da, die unerfüllten Wunschideale der Eltern zu verwirklichen. Aus diesem Grund ist von allen Namen abzuraten, welche auf allzu persönlicher Liebhaberei der Eltern beruhen. Auch ausgeprägte Modenamen sind zu vermeiden.

Ein Kind erhält einen Götti und eine Gotte, damit im Notfall jemand an Mutter- oder Vaterstelle tritt. Sehr häufig werden Freunde für dieses Amt ausersehen. Nur sollten die Eltern stets bedenken, dass Freundschaft oft vergänglich ist, und wenn zwischen ihnen Streit entsteht, ist es mit dem Interesse des Paten für sein Göttikind nicht mehr weit her.

Verwandte eignen sich deshalb eher für die Patenrolle, vor allem Onkel und Tante. Die Großeltern weniger, weil sie ohnehin für ihre Enkel genügend Interesse besitzen, und auch deshalb nicht, weil sie häufig sterben, bevor das Kind erwachsen ist.

Während der Taufe hält die Gotte das Kind in den Armen, der Götti steht daneben.

Gotthelf erzählte von einer Taufgesellschaft, welche feierte und tafelte und schließlich in übermütiger Stimmung nach Hause zog. Später hörte dann die Wirtin ein leises Wimmern im Nebenzimmer und bemerkte, dass die angeregte Gesellschaft vergessen hatte, den Täufling mitzunehmen.

Bei der Taufe sollte man immerhin auch an die Hauptsache denken: Frauen wissen das ohnehin – aber auch die eingeladenen Herren sollten den Täufling wenigstens mit einem Blick streifen und einige lobende Worte sagen, mag das Kind noch so klein und hässlich sein.

Es wird die Eltern freuen, wenn Sie während des Taufessens eine Ansprache halten. Verzichten Sie auf die Zusendung humoristischer Glückwunschkarten, auf welchen Störche usw. abgebildet sind. Eine Taufe ist ein fröhliches Fest, aber wo bei einer Geburt etwas Humoristisches liegen soll, habe ich beim besten Willen bis jetzt noch nicht herausfinden können.

Man bittet den Geistlichen durch einen persönlichen Besuch um seine Mitwirkung. In der eigenen Kirchgemeinde muss man kein Honorar zahlen. Hingegen ist es an manchen Orten üblich, dem Pfarrer einen Geldbetrag «zur freien Verwendung» zu übergeben.

In allen Fällen aber, wo ein Pfarrer einer anderen Kirchgemeinde als der, in der man wohnt, beansprucht wird, gehört es sich, für die zusätzliche Arbeit ein Honorar zu bezahlen.

Die Verlobung

Die eigentliche zeremonielle Brautwerbung war schon zu Zeiten unserer Grossmütter Geschichte. Schon lange ist es nicht mehr üblich, dass der Freier in Gehrock, weißen Handschuhen und mit Brautbukett vor der Auserwählten in die Knie sank, ihr zuflüsternd: «Wollen Sie

meine Frau werden?», worauf diese hold errötend erwiderte: «Sprechen Sie mit Papa!»
Heute ist die eigentliche Verlobung eine Sache, die ganz natürlich vor sich geht, und zwar ausschließlich zwischen den zwei Beteiligten. Die Rolle der Eltern beschränkt sich darauf, Ja und Amen zu sagen. Wenn sie vorher um ihren Rat gefragt werden, so gewöhnlich in dem Sinne: «Rate mir gut, aber rate mir nicht ab!»
Die offizielle Verlobung ist heute nicht mehr allgemein üblich. Früher war eine Verlobung unerlässlich, weil nur sie den jungen Leuten das Recht gab, einander häufig zu sehen, wenn auch dieses Sichsehen in vielen Fällen nur unter Aufsicht der Schwiegermutter vor sich ging und die Zärtlichkeiten sich auf einen Kuss auf die Stirn beim Kommen und Gehen beschränkten. Die Bedeutung der Verlobung ist heute nicht mehr dieselbe. Viele junge Leute leben ja schon unverheiratet zusammen oder fahren gemeinsam in die Ferien. Die Zeit von der Verlobung bis zur Hochzeit bedeutet eine innerliche Vorbereitung auf die beabsichtigte Verbindung. Heute feiern einige Paare im kleinen Rahmen doch noch die Verlobung, was unter anderem den Sinn hat, dass sich die zwei Familien kennenlernen. Verlobungsanzeigen werden selten mehr verschickt.

Die Trauung

Die konventionellste Form der Heiratsanzeige lautet folgendermaßen:
Herr und Frau A. freuen sich die bevorstehende Vermählung ihrer Tochter Marie mit Herrn Dr. B. anzuzeigen
und umgekehrt. Sie wird heute meistens durch eine Selbstanzeige des jungen Paares, oft in origineller Form, ersetzt.
Die Trauungszeremonie ist bei fast allen Völkern ziemlich kompliziert. Heute halten es viele junge Leute für zeitgemäß, eine kirchliche Trauung, ja jegliche Trauungsfeierlichkeiten ganz zu unterlassen. Sie beschränken sich auf die standesamtliche Trauung und verzichten auf das traditionelle Hochzeitsessen und vielleicht auch auf die Hochzeitsreise. Die Gründe sind verschieden: «Wir wollen kein großes Tamtam», sagen die jungen Vermählten, «wir heiraten schließlich für uns und nicht anderer Leute wegen!»
Sie sehen die Ehe nicht als eine soziale Angelegenheit.
Ein weiteres Motiv ist Ablehnung der Kirche. Man darf aber nicht vergessen, dass die Ehe in ihrem Wesen nicht nur eine menschliche, sondern gewissermaßen eine göttliche Institution ist. Die kirchliche Trauung macht nicht umsonst einen so tiefen Eindruck auf alle, die daran teilnehmen, auf Gläubige und Ungläubige. Die staatliche Zeremonie kann die kirchliche nicht ersetzen.

Das sachlichste, aber nicht das edelste Motiv, Hochzeitsfeierlichkeiten zu umgehen, liegt darin, dass man dadurch Zeit und Geld sparen will. Eine große Hochzeitsfeier ist eine sehr kostspielige Angelegenheit.

Die kirchliche Trauung findet meist am Nachmittag statt. Es ist schön, wenn sich die Hochzeitsgäste vorher im Elternhaus der Braut oder des Bräutigams treffen. Der gemeinsame Gang zur Kirche fördert das Gefühl der Verbundenheit mit dem Brautpaar.

Manche Gelehrte glauben, die Sitte der Ausfahrt bedeute eine symbolische Erinnerung an die Zeiten, in denen noch der Frauenraub stattfand. In Wirklichkeit wurden natürlich auch zur Steinzeit die Frauen nicht geraubt, sondern sie ließen sich so entführen, wie sie sich heute einen Kuss «rauben» lassen. Die Frauen wissen, dass die Männer gern Räuberlis spielen, und verschaffen ihnen deshalb gerne diese Illusion.

Im allgemeinen ist an die Stelle der Kutsche heute das Automobil getreten. Sehr häufig fahren die Hochzeitsgäste von ihren Wohnungen direkt in die Kirche. Anschließend daran wird irgendwo in einem Saal eines Restaurants gefeiert und getafelt. Die Freunde und Freundinnen, Schwestern und Brüder des Brautpaares führen kleine Theaterstücke auf, Kinder rezitieren Gedichte. Die Darbietungen sind oft laienhaft oder gar langweilig. Aber sie erfüllen trotzdem ihren Zweck. Und dieser ist nicht, die Gesellschaft grandios zu unterhalten, sondern das Brautpaar zu ehren.

Die Braut trägt nicht immer das traditionelle weiße, lange Kleid mit Schleier und Brautbouquet. Manche heiraten in einem festlichen langen oder kurzen Kleid. Trotzdem sollten die geladenen Damen darauf achten, dass sie nicht in Weiß erscheinen.
Die standesamtliche Trauung wird im allgemeinen ein oder mehrere Tage vorher vollzogen. Das Brautpaar erscheint dazu in Alltagskleidern. Die Trauzeugen sind meistens die beste Freundin oder die Schwester der Braut und der beste Freund oder Bruder des Bräutigams. Es ist nett, wenn das Brautpaar die Trauzeugen nach der Ziviltrauung in ein Restaurant oder zu sich nach Hause einlädt. Während der kirchlichen Trauung und dem anschließenden Essen sitzen die Trauzeugen in der Nähe des Paares.
Jeder Hochzeitsgast soll ein Hochzeitsgeschenk geben. Primitiv ausgedrückt: Das Geschenk muss mindestens so viel wert sein, wie die Auslagen für die Teilnahme betragen. Mancherorts besteht die Sitte, dass das Brautpaar einen sogenannten Geschenkrodel in Bewegung setzt, das heißt eine Liste, auf der eine Anzahl Gegenstände angegeben sind, die es sich wünscht. Jeder, der die Liste erhält, streicht dann einen Gegenstand in der entsprechenden Preislage an. Dieses Verfahren hat den Vorteil, dass dadurch vermieden wird, dass das junge Ehepaar vier Fonduecaquelons, sechs Kaffeemaschinen und acht Buttermesser erhält. Allzu profane Gebrauchsgegenstände, wie Fieberthermometer,

Besen oder Plastikeimer, gehören nicht auf den Rodel. Als Geschenkgeber möchte man nicht unbedingt, dass sich das Paar an einen erinnert, wenn die Ehefrau mit Fieberschüben im Bett liegt oder wenn der Hausmann daran ist, die Frühlingsreinigung zu erledigen.

An der Hochzeitsfeier kommen zwei, wenn auch nicht feindliche, so doch verschiedene Sippen zusammen. Die Feier dient dazu, die Braut in die Familie des Bräutigams, den Bräutigam in die Familie der Braut einzuführen. Die Hochzeitsfeier bietet auch die Gelegenheit, unter den neuen Verwandten das Du anzubieten. Später ist das bedeutend schwieriger. Manche unnatürliche verwandtschaftliche Beziehung ist deshalb entstanden, weil an der Hochzeitsfeier die Gelegenheit versäumt wurde, sich durch die intime Anrede auch innerlich näher zu treten.

Als Regel gilt: die Braut sollte allen Verwandten des Bräutigams, denen er Du sagt, auch Du sagen und umgekehrt. Auch hier ist es immer an den Älteren, das Du anzutragen.

Beim Schmollismachen kann man noch einen Rest der alten Bruderschaftssitten anwenden. Die beiden neuen Duzbrüder stellen sich einander gegenüber auf, sagen ihren Vornamen und geben sich die Hand. Nachher stoßen sie an, manchmal verschränken sie zum Trinken ihre rechten Arme.

Die Sitte der Hochzeitsreise hat ihren tiefen, nicht nur traditionellen und symbolischen, sondern auch psychologischen Sinn.

Begräbnisse

Für Todesanzeigen und Leidzirkulare gilt als oberstes Prinzip: Vermeiden Sie jede Originaliät. Der Tod eines Menschen ist kein Anlass, mit seinem Stil oder mit grafischen Darstellungen glänzen zu wollen. Ebenso sind außergewöhnliche große Todesanzeigen zu vermeiden. Man halte sich an das Format, das in der betreffenden Zeitung üblich ist.

Bei der Versendung von Todesanzeigen (wie bei Hochzeitsanzeigen) ist sehr darauf zu achten, dass niemand übergangen wird. Die Menschen sind in dieser Beziehung außerordentlich empfindlich. Sie empfinden einen Todesfall als sehr wichtiges Ereignis und können es nie verwinden, wenn ihnen dieses Ereignis nicht in entsprechender Form mitgeteilt wird.

Die Freunde und näheren Bekannten machen einen Kondolenzbesuch, die andern kondolieren schriftlich. Man hört oft den Einwand, dass Kondolenzbesuche für die Hinterlassenen eine Belastung bedeuteten, dass die meisten Menschen in tiefer Trauer lieber allein seien. Das ist nur bedingt richtig. Geteiltes Leid ist halbes Leid, und die Tatsache, dass andere Menschen Anteil nehmen, wirkt tröstlich.

Kondolenzbesuche sind hingegen für die meisten Besucher schwierig. Was soll man einer Frau, deren Gatte, oder einem Vater, dessen Kind gestorben ist, sagen? Am besten vielleicht gar nichts. Ein Händedruck sagt oft mehr als alle Worte.

Früher folgten die Leidtragenden zu Fuß oder in der Kutsche dem Leichenwagen in feierlichem Zug auf den Friedhof. Eine allzu realpolitisch eingestellte, pietätlose Verwaltung hat in manchen Städten geglaubt, diese Sitte abschaffen zu müssen: «Im Interesse der reibungslosen Gestaltung des Straßenverkehrs.» Die Leidtragenden fahren jetzt in Automobilen direkt zum Friedhof oder zum Krematorium, und der Tote wird ohne jede Eskorte, möglichst unfeierlich, nach seinem Bestimmungsort transportiert. Eine Verrohung der Sitten, die fast unbegreiflich ist. Um für die Fußgänger, Automobilisten und Tramwagen ein paar Minuten Zeit zu gewinnen, wird ein tausendjähriger Brauch abgeschafft. So geht es den Menschen der Gegenwart oft: Sie gewinnen Minuten und verspielen dafür ein Leben.

Das Leichenmahl entspricht einem tiefen Bedürfnis der menschlichen Natur. Verwandte und Bekannte lädt man zu diesem Zusammensein nach dem Begräbnis ein. Dies kann man handschriftlich auf der Todesanzeige anfügen. Der Pfarrer verkündet nach der Predigt, dass die Trauergemeinde zu einem kleinen Imbiss im Restaurant X eingeladen ist. Nach jedem Begräbnis empfindet der Teilnehmer das Bedürfnis, mit den Überlebenden zusammen zu sein. Angesichts des Todes wird das Lebensgefühl besonders wach. Man freut sich vielleicht nie so sehr seines Daseins wie nach einem Begräbnis. Darin liegt keine Verletzung des Andenkens an den Toten, im Gegenteil. Bei

militärischen Begräbnissen prägt sich dieser Empfindungswechsel darin aus, dass die Musik auf dem Heimweg statt eines Trauermarsches fröhliche Weisen ertönen lässt. Gerade nach einem Begräbnis ist das Bedürfnis nach einer gewissen Fröhlichkeit vorhanden.
Das Leichenmahl hat auch den Sinn, die Verwandtschaft zusammenzubringen. Angesichts des Todes werden plötzlich die geheimnisvollen Zusammenhänge des Blutes und der Sippe, welche unser intellektualistisches Zeitalter so oft verleugnet, wieder lebendig.
Früher war es üblich, nach einem Todesfall in der Familie oft jahrelang Trauerkleider zu tragen, so dass die Leute in einem gewissen Alter aus der schwarzen Kleidung gar nicht mehr herauskamen.
An der Abdankung müssen heute nur die engsten Angehörigen in schwarzer Trauerkleidung erscheinen, die anderen Teilnehmer dürfen andere, dezente Farben tragen. Während früher nur stumpfe Stoffe für Trauerkleider verwendet werden durften, werden heute auch schwarzer Samt oder schwarze Seide benützt.
Es gibt heute keine verpflichtende Fristen für die engsten Angehörigen, Trauer zu tragen. Jeder kann dies nach eigenem Ermessen tun.

Die Höflichkeit in der Familie

Die Kindererziehung

«Hör auf zu schlürfen!», ermahnt die Mutter den Fünfjährigen, der die Suppe geräuschvoll auslöffelt.
«Warum darf ich nicht schlürfen?»
«Weil schlürfen unanständig ist!»
«Aber Papi schlürft doch auch?»
Was soll man da antworten? Die üblichen Entgegnungen: «Der Vater ist der Vater», oder «wenn du einmal so groß bist wie der Vater, darfst du das auch tun», wollen nicht recht passen.
Es ist eine Binsenwahrheit, dass es unmöglich ist, Kinder zu einem Verhalten zu erziehen, das man selbst nicht befolgt.
Man darf nicht vergessen: Höflichkeit ist keine «natürliche» Eigenschaft. Kinder sind von Natur aus unhöflich; sie müssen zur Höflichkeit erzogen werden. Kinder sind dienstfertig, liebenswürdig, zartfühlend – wenn Sie einem Menschen im Prinzip oder im Moment liebevoll gegenüberstehen. Aber das Wesen der

Höflichkeit beruht gerade darin, auch dann angenehme Umgangsformen zu zeigen, wenn es einem im Moment nicht entsprechend zumute ist. Dazu braucht es Erziehung und Gewöhnung, vor allem Gewöhnung durch das gute Beispiel. Wenn diese Erziehung nicht im frühesten Kindesalter erfolgt, kann sie später nicht mehr ersetzt werden.

Man weiß, dass das Training eines Akrobaten schon im vorschulpflichtigen Alter beginnen muss, nachher sind die Glieder zu steif. Genau wie für die jugendliche Akrobatenschule, so gibt es auch für die sogenannte gute Kinderstube keinen ebenbürtigen Ersatz. Mit gutem Willen kann ein Mensch sich durch Selbsterziehung auch in späteren Jahren einen gewissen Schliff aneignen. Aber die eigentliche, im tiefsten Kern verwurzelte Höflichkeit, die sozusagen zur zweiten Natur geworden ist, kann nur durch das ständige Beispiel in frühester Kindheit erreicht werden.

Die Erfahrung zeigt, dass vor allem die Erziehung zur Reinlichkeit in frühester Jugend erfolgen muss. Es braucht einen eisernen Willen, um jeden Morgen und Abend die Zähne zu putzen, immer vor dem Essen die Hände zu waschen, wenn diese Handlungen nicht durch die Erziehung sozusagen automatisiert worden sind.

Jedes Kind sträubt sich am Anfang instinktiv gegen gute Manieren genau so, wie es sich dagegen sträubt, sein Gesicht sauber zu waschen oder die erhaltene Schokolade mit den

Geschwistern zu teilen. Dieser Widerstand ist verständlich.
Daneben haben aber viele Kinder oft eine eigentlich feindliche Einstellung gegen gute Manieren, welche Eltern zur Verzweiflung bringt. Die Eltern sollten in solchen Fällen den Fehler nicht beim Kinde, sondern bei sich selber suchen. Das Kind steht zu guten Manieren oft in Opposition, weil es diese als Heuchelei empfindet. Das ist immer dann der Fall, wenn es beobachtet, dass für die Eltern Höflichkeit nur eine Fassade ist und dahinter nicht eine echte Achtung vor dem Mitmenschen steht.
Ich beobachtete vor einiger Zeit ein zehnjähriges Mädchen, das mit seinem Brüderchen ein Spiel, das es «Madamis» nannte, spielte, und zwar imitierte es eine Besuchsszene:
«Also, adieu Frau Reichmann. Kommen Sie bald wieder! Es war reizend. Adieu, adieu», flötete es in den höchsten Tönen zu einer Puppe, die den fortgehenden Besuch darstellte, und dann plötzlich, mit ganz veränderter Stimme, zum Brüderchen, das die Rolle des eigenen Kindes spielte: «So, du hast wieder Schokolade ausgeschüttet. Das ganze Tischtuch ist verdorben. Ich will dich schon lehren … » usw. usw.

Ehret die Jugend!

Höflichkeit in der Familie bedeutet Höflichkeit zwischen den Eltern und, «last but not least», gegenüber den Kindern. Viele Erwachsenen sind den Kindern gegenüber von einer geradezu grotesken Lümmelhaftigkeit. Sie verlangen, dass diese «sei so gut» und «danke schön» sagen, aber es kommt ihnen gar nicht in den Sinn, auch den Kindern gegenüber «sei so gut» und «danke schön» zu sagen.

Gewiss, Kinder müssen sich anpassen. Aber das gibt den Eltern noch kein Recht, sich in die Privatsphäre der Kinder in rücksichtsloser und unhöflicher Form einzumischen. Wenn der Mann gerade mit dem Ausfüllen der Steuererklärung beschäftigt ist, wird auch die unhöflichste Gattin nicht versucht sein, ihn von dieser Arbeit wegzureißen. Sie wird seine Schulter berühren und sagen: «Würdest du so gut sein und mir nachher, wenn du fertig bist, helfen, den Riegel der Garagetür zu öffnen?» Das Kind aber, das eben beschäftigt ist, einen hohen Turm zu bauen, und das gerade mit unendlichen Schwierigkeiten die krönende Schlusspyramide erstellt, wird rücksichtslos unterbrochen: «Geh, räume im Esszimmer die Farbstifte weg – nein, sofort! Wird's bald! Marsch!» Viele Erwachsene vergessen, dass für Kinder das Spielen nicht nur ein Vergnügen, sondern mit der Arbeit der Erwachsenen vergleichbar ist. Das Spiel ist für Kinder Lebensinhalt. Sie lernen sich selbst, ihre Fähigkeiten und Schwächen kennen. – Vor allem darf man die Höflichkeitsnormen nicht als Mittel zur Tyrannei gebrauchen. Das heißt, Unartigkeiten der Kinder nur dann korrigieren, wenn man gerade schlecht aufgelegt ist und gern einen Vorwand hätte, dieser schlechten Laune Ausdruck zu geben.

Demokratische Umgangsformen

Junge Leute sagen sich untereinander meistens Du, handelt es sich aber nicht um Altersgenossen, so beginnt das Siesagen bei uns traditionsgemäß nach Volksschulabschluss, also etwa mit 15 Jahren.

In bestimmten Fällen kommt es vor, dass der Ältere den Jüngeren sein Leben lang duzt, selbst aber mit «Sie» angesprochen wird. Lehrer und Geistliche pflegen das ihren ehemaligen Schülern gegenüber so zu halten. Auch bei nahen Hausfreunden der Eltern hat dieses einseitige Duzen unter Umständen seine Berechtigung, aber man sollte herausfinden, ob der Jugendliche dies wünscht, und ihm unter Umständen das Du auch anbieten.

Es gehört sich nicht, dass man meint, der «einfache Mann» habe weniger Anspruch auf Höflichkeit.

Die Lehre vom einfachen Mann ist überhaupt eine gefährliche Irrlehre. Es gibt immer wieder Leute, die ihre Mitbürger und Mitbürgerinnen in einfache Männer und einfache Frauen und andere einteilen. Sie haben die Idee, die sogenannten einfachen Männer seien eine andere Sorte Leute, eine primitivere, seelisch weniger differenzierte, und man müsse sie darum anders behandeln.

«Wissen Sie», sagte einmal ein Fabrikdirektor zu mir, «es ist für uns manchmal sehr schwer, sich in das Seelenleben dieser einfachen Leute hineinzuversetzen und den richtigen Ton zu finden.» (Er meinte damit die Arbeiter.)

Das ist Unsinn. Die Psychologie zeigt doch, dass es erstens einmal gar keine einfachen Menschen gibt. Jeder Mensch ist ein außerordentlich vielfältiges Wesen. Natürlich gibt es sensiblere und weniger sensible, aber der Grad der Differenziertheit hängt von der Anlage und Erziehung ab und nicht von der Gesellschaftsschicht, aus der er kommt.

Es ist eine unsinnige Idee zu glauben, Menschen ohne Bildung und mit bescheidenem Einkommen hätten ein einfaches Seelenleben, bei denjenigen mit einem Lehrabschluss und etwas mehr Verdienst sei es dann schon etwas komplizierter, und bei den Intellektuellen fange es an, ganz differenziert zu werden. Es gibt verhältnismäßig einfache Naturen unter Bankdirektoren wie auch unter Bauarbeitern, und in beiden Berufsklassen auch ganz differenzierte. Auch bei den Frauen ist es selbstverständlich nicht anzunehmen, dass die Putzfrau ein weniger empfindsames Gemüt hat als ihre Arbeitgeberin.

Gotthelf hat immer wieder gegen die Missachtung der ärmeren Bevölkerungsschichten gekämpft, dagegen, dass man meine, die armen Leute seien primitiver und man dürfe ihnen gegenüber deshalb unhöflicher sein.

Was Anstand ist, ist überall Anstand. Es gehört sich, dass man sich bückt, wenn jemand etwas auf den Boden fallen lässt, wer dies auch sei. Wenn ein Mann im Tram einer gutangezogenen Frau Platz macht, so hat auch die Zeitungsfrau den gleichen Anspruch darauf.

Auch die Einteilung der Mitbürger in «Unter- und Obermenschen» hat etwas ganz Gefährliches, weil es praktisch gewöhnlich darauf hinausläuft, dass man die sozial Benachteiligten als zur Masse gehörig betrachtet. Sicher ist das Verständnis für geistige Werte, für die Religion, für die Kunst, für die Moral, verschieden; aber es kann doch keine Rede davon sein, dass die Geistigkeit bei den Mächtigen besser ausgebildet sei als bei den wirtschaftlich Schwächern.

Für die demokratische Kultur ist es wichtig, dass auch die einzelnen Stände auf demokratische Art miteinander verkehren.

Ein Bauer beklagte sich einmal über den merkwürdigen Ton, den die Städter im Verkehr mit der ländlichen Bevölkerung anschlügen. Die meisten hätten entweder einen gewollt humoristischen oder einen unangenehm biedermännischen Ton, der ihn einfach beleidige.

Keinem Menschen falle es ein, zu einem Bankbeamten zu sagen: «So, zelled Er Gäld?» oder zu einem Vermessungsingenieur: «So, schaffed Er mit dr Mässlatte?»

Sobald aber ein Städter einen Bauern bei der Arbeit sehe, so meine er, er müsse jetzt in väterlichem Tone bemerken: «So, sind Er am Heue» oder «so, händ Er bald Fyrabig?»
«Ihr» ist sicher eine schöne Anredeform, wo sie Brauch ist, wie zum Beispiel im Kanton Bern. Es gehört sich aber nicht, wenn man zu bestimmten Leuten «Sie» sagt, andere jedoch mit «Ihr» anredet.
Nach dieser Abschweifung wieder zurück zur Frage der Höflichkeit in der Familie.
Den entscheidenden Klang für den Ton, der in einer Familie herrscht, gibt in erster Linie das Verhalten der Ehegatten zueinander. Der typische Schweizer gilt, wahrscheinlich mit Recht, als guter Ehegatte. Aber Höflichkeit gegenüber seiner Frau ist nicht seine größte Tugend. Er hat eine tiefgründige Abneigung gegen Galanterie und verwechselt Männlichkeit gern mit Rücksichtslosigkeit. Das Ideal des «Diwan-Pfusi-Pascha» ist immer noch all zu weit verbreitet.

Sieben Regeln für Partnerschaften

1. Helfen Sie Ihrer Partnerin stets in den Mantel, so wie Sie anderen Frauen hineinhelfen.
2. Stehen Sie auf, um Ihre Frau zu begrüßen.
3. Lassen Sie ihr den Vortritt.
4. Bücken Sie sich, wenn Ihrer Frau etwas auf den Boden gefallen ist.
5. Kommen Sie pünktlich zum Nachtessen. Wenn Sie sich verspäten, so telefonieren Sie

Ihrer Frau, genau so, wie Sie einer Gastgeberin telefonieren würden.

6. Die Regel, dass der Herr der Frau vorgestellt wird und nicht die Frau dem Herrn, gilt auch in bezug auf Ihre Gattin.
7. Kritisieren Sie nie, weder das Essen noch die Kleidung noch irgend etwas in der Haushaltung, in Gegenwart von Fremden.

Umgekehrt gelten ähnliche Regeln auch für die Frau.
Wenn Ihr Besuch einen Witz erzählt, der schon zu Adams Zeiten nicht mehr neu war, dann hören Sie trotzdem aufmerksam zu. Versuchen Sie also nicht, Ihren Mann am Erzählen eines Witzes zu hindern, nur weil Sie diesen Witz schon zum 30. Male gehört haben.
Hindern Sie Ihren Mann nicht, Anekdoten zu erzählen, in denen er der Held ist. Vor allem: Machen Sie Ihren Mann nie vor andern Personen lächerlich.
Höflichkeit ist kein genügendes Fundament für eine Ehe. Höflichkeit ersetzt die Liebe nicht. Aber anderseits macht auch die Liebe Höflichkeit nicht unnötig. Durch Höflichkeit sind noch nie Beziehungen zwischen Ehegatten verschlechtert worden, dagegen schon sehr oft durch Mangel an Höflichkeit.
In den meisten Lehrbüchern des guten Tons wird man die Regel lesen: «Der Gatte schuldet seiner Gattin genau die gleiche Rücksicht und Höflichkeit, die er anderen Frauen gegenüber anwendet.»

Ein Essen zu Hause ist jedoch nicht dasselbe wie ein Nachtessen bei Bekannten. Ein Abend, den man allein mit seiner Frau verbringt, erfüllt nicht die gleiche Aufgabe wie eine Einladung. Das Zuhause bedeutet für die meisten von uns einen Ort der Entspannung. Zu Hause will man sich geben, wie man ist. Wenigstens hier will man die vielen Fesseln, welche Berufs- und Gesellschaftsleben uns auferlegen, abstreifen. Es ist deshalb begreiflich, dass der Mann, der ermüdet oder verärgert vom Büro heimkommt, es sich recht bequem machen will.
Viele Ehemänner stürzen sich sofort in einen ausgebeulten Trainer und schlüpfen in alte Pantoffeln. Warum können die Pantoffeln aber nicht hübsch sein? Anstatt ihrer Familie den unschönen Anblick eines Unterhemdes mit Hosenträgern zu bieten, tragen Sie doch ein bequemes Hemd mit gut sitzenden Hosen. Bequem muss ja nicht unästhetisch sein!
Es ist ebenfalls rücksichtslos, wenn Sie sich als Frau Ihren Kindern und Ihrem Mann in unordentlicher Kleidung zeigen. Tragen Sie Arbeits- und Hauskleider, die praktisch und dem Zweck angepasst sind. Es steht aber nirgends geschrieben, dass diese Kleider nicht gleichzeitig hübsch sein können.

Was heißt «unästhetisch»?

Balzac hat in seiner «Physiologie du mariage» sehr viel über die Unhöflichkeit in der Familie geschrieben. In vielen Anekdoten sucht er zu zeigen, wie Unhöflichkeit zwischen Ehegatten das gute Verhältnis untergräbt. Er vertritt unter anderem die Ansicht, eine Frau sollte nie in Gegenwart ihres Mannes Toilette machen. Es gibt Eheliteratur, die diese Frage mit Begeisterung aufgenommen hat: «Sei dafür besorgt, dass dich dein Mann nie in einer unvorteilhaften Situation oder in unvorteilhaftem Aufzug zu sehen bekommt!» lauten ihre Ratschläge. «Nichts tötet Liebe und Zuneigung so sehr wie solche Rücksichtslosigkeiten.»

Diese Ermahnungen sind vielleicht gut gemeint, im Grunde aber doch sehr übertrieben. Sie zeugen von einer allzu ungeistigen Auffassung der Ehe.

«Niemand ist ein Held vor seinem Kammerdiener», sagte Napoleon. Niemand ist ein Held vor seiner Frau und umgekehrt. Auf Pose kann sich keine Ehe aufbauen.

«Ich könnte einen Mann nie mehr lieben, den ich ein einziges Mal in einer lächerlichen Situation gesehen hätte», sagte ein junges Mädchen; «Zum Beispiel wenn ich ihn statt im Pyjama im Nachthemd sehen würde. Ich finde Nachthemden schrecklich unästhetisch.»

Der Mann, den die junge Ästhetin heiratete, erlitt nach zwei Jahren eine Lähmung. Er konnte das Bett überhaupt nicht mehr verlassen. Seine Frau hat dann ihre Theorien aufgegeben und ihn gepflegt mit jener echten Liebe, welche jenseits von Ästhetisch und Unästhetisch steht. Über den Geschmack lässt sich nicht streiten.

In diesen Dingen kann man nur die Regel aufstellen: Trage das, was dir steht, aber vermeide, was deinem Partner allzu missfällt.

Wohngemeinschaften

Eigentlich müsste man den Wohngemeinschaften kein spezielles Kapitel widmen, da die Grundregeln der Höflichkeit auch für diese alternative Form des Zusammenlebens gültig sind. Es gibt jedoch besondere Probleme in Wohngemeinschaften, da mehrere, selten verwandte Leute zusammenleben und oft ein freier, ungezwungener Wohnstil herrscht. Es kommt zu Reibereien, die gar nicht nötig wären und vermeidbar sind, wenn man sich an gewisse Umgangsformen hält.

Versuchen Sie möglichst viel vorher zu regeln, warten Sie nicht, bis es erst zu Missstimmigkeiten kommt: «Bei uns wird es doch niemals zu einem Streit kommen! Wir kennen und mögen uns, und außerdem jetzt schon an die Möglichkeit einer Auseinandersetzung zu denken, käme einer Misstrauenskundgebung den Wohnpartnern gegenüber gleich», meint der frisch gebackene Wohngemeinschafter und überlässt alles dem Zufall. Nach einem halben Jahr tönt es oft anders. – Sitzen Sie darum, sobald die Wohngemeinschaft eröffnet wird,

zusammen und diskutieren Sie die Gestaltung des gemeinsamen Lebens: Wer zahlt die Miete und zieht sie bei den Mitbewohnern ein? Wie wird die Telefonrechnung aufgeteilt? Wie verhält es sich mit dem Einkaufen? Wieviel Zeit will man zusammen verbringen? Konflikte werden am ehesten vermieden, wenn man sie schon vorher in Betracht zieht!
Ein nicht unwesentlicher Punkt sind die Haushaltarbeiten. Eine menschliche Gesetzmäßigkeit lautet: je mehr Leute mit einer Arbeit beschäftigt sind, desto kleiner ist die Wahrscheinlichkeit, dass sie auch wirklich ausgeführt wird. Vielleicht einigen Sie sich darum auf einen Arbeitsplan oder verteilen verschiedene Ämter, denn oft scheitern Wohngemeinschaften an solch einfachen Angelegenheiten. Rechnen Sie nicht mit spontanen Putzanfällen anderer Wohnpartner. Es gehört zu den Ureigenschaften des Menschen, dass er versucht, Unangenehmem auszuweichen. Es ist darum natürlich, dass er auch Haushaltarbeiten aus dem Wege geht, solange die Möglichkeit besteht, dass ein guter Geist sie erledigt.
Haben Sie sich auf eine Ordnung geeinigt, so versuchen Sie sie genau einzuhalten. Sind Sie eher zu streng als zu large mit sich. Besonders genau sollten Sie es mit der von Ihnen verursachten Unordnung nehmen. Es ist unangenehm, wenn ein Wohnungspartner an Hand der Essresten, die er aus der Pfanne schruppt, erahnen muss, welches Menü Sie gestern zu sich genommen haben. – Leere Flaschen, die den

Balkon verstellen, alte Zeitungen, die den Korridor blockieren, überfüllte Abfallsäcke sind Exempel, die Ihre Selbstüberwindung herausfordern sollten. Wollen die leeren Flaschen nun einfach nicht verschwinden, so nehmen Sie sich ihrer an. Geben Sie ein gutes Beispiel, in der Hoffnung, dass es Nachahmung findet.
Schleicht sich das seltsame «Ich-mache-alles-und-der-andere-nichts-Gefühl» ein, so teilen Sie dem Betreffenden Ihre Bedenken mit. Beginnen Sie nicht bei Mitbewohnern über ihn zu lästern, bevor Sie ihm nicht selbst Ihre Kritik mitgeteilt haben. Der andere wird es doch hintendurch erfahren oder spüren und verärgert sein. Eine klärende Aussprache gleich zu Beginn Ihres Unmuts kann da viel helfen. Ob sich dieses Gefühl verliert, bleibe dahingestellt. Vielleicht unterliegen Sie beide dem Wohngemeinschaftsphänomen, dass jeder glaubt, er opfere am meisten Zeit für den Haushalt.
Auf welche Weise die Wohngemeinschaft auch intern geregelt ist, es treten vielfach Unsicherheiten im Kontakt mit der Außenwelt auf.
Versuchen Sie sich nicht hinter der Gruppe zu verstecken, wenn Sie einen Gast in die Wohngemeinschaft einladen. Vergessen Sie nicht, Sie sind für sein Wohlbefinden verantwortlich, Ihre Wohnpartner werden Ihnen diese Pflicht nicht abnehmen. Stellen Sie den Gast und die Mitbewohner gegenseitig vor. Es kann geschehen, dass jemand zu einem Wohngemeinschafts-Essen eingeladen wird und den ganzen

Abend herumsitzt, mal mit diesem, mal mit jenem ein Gespräch versucht, ohne richtig zu wissen, was er hier soll. Würde sich der Einladende dem Gast etwas mehr annehmen und man wüsste voneinander, wer man ist, so würden solch unangenehme Situationen vermieden.

Viele Wohngemeinschaften erfreuen sich eines regen Besucherstroms. Die Folge davon ist, dass sich oft unbekannte Leute in der Wohnung aufhalten. Wollen Sie als Bewohner in der Küche ein Glas Wasser holen, so ist es möglich, dass Sie dort einen fremden Gast treffen, der auf einen anderen Bewohner wartet. Sie sollten sich nun nicht einfach «verdrücken» oder sich mit einem saloppen «Hoi» begnügen. Stellen Sie sich dem Wartenden vor, offerieren Sie ihm etwas zu trinken und wechseln Sie einige Worte mit ihm. Dann können Sie sich ruhig wieder zurückziehen.

Wohngemeinschaftsmitglieder sind telefonisch schlecht erreichbar! Ruft man in eine Wohngemeinschaft an und verlangt einen Bekannten, so kann es tönen:

«Nein, Peter ist nicht hier.»

«Wann kommt er wieder?»

«Keine Ahnung.»

«Wo kann ich ihn erreichen?»

«Keine Ahnung. »

«Wann ist er zu Hause?»

«Keine Ahnung.»

Wohngemeinschaftsmitglieder scheinen sich in der Unwissenheit über die Erreichbarkeit ihrer Mitglieder gegenseitig überbieten zu wollen. Es wird auch versäumt, Telefone auszurichten. Legen Sie darum dem Telefon Kugelschreiber und Notizblock bei, auf welchem Sie dem Betreffenden den Anruf aufschreiben können. Es ist sinnvoll, neben dem Telefon auch einen Kalender anzubringen, auf dem die Abwesenheit der Bewohner eingetragen wird.

Das gute und das schlechte Beispiel

Viele Institutionen glauben immer noch, auf die elementarsten Höflichkeitsformen verzichten zu können. Nicht einmal auf den Titel «Herr» und «Frau» hat man oft Anspruch. Aus dem «Herr Weiß» wird «der Weiß», aus der Frau Anna Weiß «die Weiß».
Das Ergebnis ist beispielsweise Folgendes:

Herrn
Ernst Weiß
in X.
Ihr Gesuch vom 10. crt. wurde abgewiesen.
Schulamt der Stadt X: Der 5. Sekretär

Der Brief ist bestimmt sehr sachlich, aber ebenso bestimmt sehr unhöflich.

Herrn
Ernst Weiß in X.
Sehr geehrter Herr Weiß
Wir bestätigen den Empfang Ihres Gesuches vom 24. März 1981, müssen Ihnen aber mitteilen, dass ihm leider nicht entsprochen werden kann.

Mit freundlichen Grüßen
Für den Schulvorstand der Stadt X:
Der 5. Sekretär

Diese Fassung ist etwas umständlicher, sie wird vielleicht zwei Minuten mehr Zeit brauchen, trotzdem liegt sie im Interesse der Verwaltung. Die Höflichkeit ist das Öl der gesellschaftlichen Maschinerie. Wer an Öl spart, spart am falschen Ort, denn darin fängt die Maschine an zu harzen, und der scheinbare Gewinn verwandelt sich, rein wirtschaftlich gesprochen, in einen Verlust.
Auch Private verstoßen in ihrer Korrespondenz oft gegen die korrekte Form.

Die richtige Anrede

Im Verkehr mit Geschäften ist es ohne weiteres erlaubt, die Anrede wegzulassen, nie aber die Höflichkeitsformel am Schlusse des Briefes. In der französischen und englischen Korrespondenz ist beides obligatorisch.

Je nach dem Grade der Vertrautheit lautet die Anrede in der privaten Korrespondenz folgendermaßen:

Sehr geehrter Herr Weiß
Lieber Herr Weiß
Mein lieber Herr Weiß

Die letzte Anrede ist nur üblich bei sehr guten Bekannten. Das Komma nach der Anrede ist heute nicht mehr nötig.

In Deutschland lautet die Anrede bei «Damen»:
Sehr geehrte, gnädige Frau oder aber:
Sehr verehrte, gnädige Frau.

In der Schweiz wird das «gnädige» weggelassen.
Merken Sie sich: Man schreibt nie «Geehrter Herr», nie «Werter Herr» und nie «Achtungsvoll».

Die Amerikaner sind in Bezug auf die Anrede weniger formell. Sie verwenden auch in Geschäftsbriefen immer häufiger die Anrede «Dear Mr. X», «Lieber Herr X». Auch bei uns geht die Entwicklung in dieser Richtung.

Die Adresse

Herrn (oder Herr)
Max Furrer
Höhestraße 61
8702 Zollikon

So lautet die korrekte Briefaufschrift. Die Vorlage stammt nicht aus einem Lehrbuch der Etikette, sondern aus einem Merkblatt der Postverwaltung. Die Briefaufschrift ist korrekt, welche den Vorschriften der Postverwaltung entspricht.
Die Landesbezeichnung wird in der Sprache des Absendelandes abgefaßt, die Adresse aber in der Sprache des Empfängerlandes. Das ist ja selbstverständlich. Ein Brief, der nach Griechenland geht, wird mit «Griechenland» überschrieben, aber nicht mit Ελλαδα. Dagegen hat es keinen Sinn, einen Brief an Herrn Wilhelm Schwarz, Kunstmaler, 17, bd St-Germain, Paris, abgehen zu lassen. Der Briefträger wird nicht wissen, was «Kunstmaler» heißt, er kennt nur das Wort «artiste peintre».
Das sind Selbstverständlichkeiten, gegen die aber immer wieder verstoßen wird.
Herrn und Frau werden auf dem Couvert immer ausgeschrieben, und zwar auf einer besonderen Linie.
Die korrekte Briefadresse für die mit Herrn Fritz Schwarz verheiratete Frau Marie lautete früher

Frau Fritz Schwarz

Heute ist es aber üblich, den Vornamen der Frau zu schreiben. In der alemannischen Schweiz herrscht die praktische Sitte, den Mädchennamen der Frau mit Bindestrich an den Namen des Mannes anzuhängen, in anderen Ländern ist dies nicht üblich. Heute tragen auch viele Frauen ihren Namen ohne Bindestrich vor dem des Mannes.
Dem Namen muss immer der Vorname oder zumindest eine Initiale vorausgehen. Es muss heißen

Herrn
Georg Wyssling
nicht
Herrn Wyssling

Der Ortsname wird immer ausgeschrieben.
Der Name ist das Symbol des Menschen. Nichts beleidigt die meisten von uns so sehr, wie wenn beim Schreiben unseres Namens der kleinste orthographische Fehler unterläuft. Achten Sie genau darauf, ob Sie Herrn Meier, Meyer, Maier oder Mayer schreiben, an Herrn Burkhard, Burkhardt oder Burckhart.
Kleben Sie die Marke rechts oben, und zwar senkrecht auf. Eine schräg aufgeklebte Marke wirkt nachlässig. Man denkt unwillkürlich an die Briefmarkensprache. Ich liebe Sie, Mein Herz ist schon vergeben, Tausend Küsse.»
Und so ist's ja gewöhnlich nicht gemeint.

Ist der Computer in der persönlichen Korrespondenz gestattet, und wo? Die Ansichten gehen auseinander. Die Schreibmaschinenschrift besitzt einen unbestreitbaren Vorzug: Sie ist leserlich. Und einen ebenso unbestreitbaren Nachteil: Sie ist unpersönlich. In der ersten Ausgabe dieses Buches hieß es, die Schreibmaschine sei überall dort zu gebrauchen, wo das Gefühlsmoment nicht eine sehr große Rolle spielt: also sicher nicht bei Kondolenzbriefen, und vielleicht auch nicht bei Liebesbriefen. Auch Dankesbriefe sollten von Hand geschrieben sein. Heute mag dagegen eingewendet werden, dass das Persönliche auch mit der Maschine ausgedrückt werden kann. Nicht in der Form liegt die Herzlichkeit, sondern im Inhalt.

Das Schreibpapier

Welches Schreibpapier soll man gebrauchen? Im Geschäftsleben hat man die Wichtigkeit des Briefpapiers schon lange eingesehen. Für Privatkorrespondenz gelten folgende Regeln:
Herren sollten nicht buntes Papier benützen.
Frauen können Papier in dezenten Farben verwenden.
Heute kann man auch Couverts und Schreibpapier benützen, die aus wiederaufgearbeitetem Altpapier hergestellt wurden. Papier ist ein Naturprodukt, das nicht unbeschränkt zur Verfügung steht.

Das Couvert sollte auf der Rückseite oder vorne links die Adresse des Absenders enthalten.
Denken Sie daran, Briefe sind zum Lesen da; vermeiden Sie originelle Geheimschriften.
Postkarten: Sie können überall dort verwendet werden, wo es sich um kurze Mitteilungen handelt. Jede intime, aber auch jede wichtige Mitteilung auf einer Postkarte ist unhöflich. Mit einer offenen Karte soll auch nie kondoliert werden.
Ist es nicht schade, wenn man von einer Bekannten aus den Ferien eine Ansichtskarte bekommt, auf der nur «Viele Grüße aus den Ferien» steht. Gerne würde man etwas Persönliches erfahren. Zudem hat man dann nicht den Eindruck, man sei lediglich ein Name auf einer Liste von Personen, denen man einen Feriengruß zukommen lassen muss.

Visitenkarten

Die Visitenkarten dienen den verschiedensten Zwecken; bei uns in der Schweiz weniger als in anderen Ländern dazu, abgegeben zu werden; sie werden bei uns häufiger verwendet zu kleinen Mitteilungen, als Beilage bei Geschenken usw.
Es gelten folgende Vorschriften: Man lässt im allgemeinen auf Visitenkarten die Adresse und den Wohnort drucken.
Wenn die Visitenkarte mehr für den geschäft-

lichen Gebrauch gedacht ist, mit Adresse des Arbeitsortes.
Sich selbst auf einer Visitenkarte als Herr oder Frau zu bezeichnen wirkt nicht gut.

Ehepaare lassen gemeinsame Karten so drucken:
Vreni und Werner Weiß-Rot
In der Schweiz kann ein Paar, wie bereits gesagt, den Mädchennamen der Frau hinter den Familiennamen anfügen. Nach dem bestehenden Eherecht können Frauen auch den Mädchennamen an erster Stelle setzen. Manche geschiedene Frauen führen wieder den Mädchennamen.

Potpourri

1. Haben Sie Alleinstehende in Ihrem Bekanntenkreis, die Sie öfters zu sich einladen, so fragen Sie sie hie und da, ob diese einen Begleiter oder eine Begleiterin mitbringen möchten. Wer weiß, vielleicht hat sich eine Freundschaft angebahnt, die gerne vorgestellt würde.
2. Es gibt Menschen, die das Talent haben, die Fähigkeiten von näheren und ferneren Bekannten zu erspüren und sich auch gleich zu Nutze zu machen. So kann es vorkommen, dass Sie erfahren, dass der Freund eines Bekannten Automechaniker ist. Nachdem Sie ihm lange von dem defekten Anlasser Ihres Autos geklagt haben, bietet er Ihnen vielleicht liebenswürdigerweise an, den Schaden zu beheben. Vergessen Sie nicht, ihm nach seinen Bemühungen eine angemessene Entschädigung zu offerieren: «Les bons comptes font les bons amis!»
3. Wie erholsam ist es, in England einzukaufen oder auf einen Bus zu warten, wo die Leute diszipliniert Schlange stehen! – Wie anstren-

gend ist es jedoch bei uns, wo die Macht des Stärkeren oder Schnelleren gilt!

4. Bücher und CDs kann man kaufen oder ausleihen. Gehören Sie zu denjenigen, die eher das zweite zu tun pflegen, so versichern Sie sich, ob der Name des Besitzers darauf steht und erweitern Sie damit nicht Ihre eigene CD-Sammlung oder Bibliothek.
5. Es ist wichtig, sich anhand von Zeitungen, dem Fernsehapparat oder dem Radio über das Tagesgeschehen zu informieren. Haben Sie jedoch einen Gast, so dürfen Sie ruhig einmal darauf verzichten.

Das Verhalten bei Beleidigungen

Was ich nicht weiß, macht mir nicht heiß

Ein Mai-Sonntagmittag. Ausnahmsweise strahlender Himmel. Sie trinken gemütlich ihren Kaffee im Garten und vergessen ob der Pracht des Frühlings Krisen und Sorgen. Plötzlich tönts mit Stentorstimme, wie aus einem hohlen Fass heraus:

«Die chinesische Regierung hat eine scharfe Protestnote an die Regierung der Vereinigten Staaten geschickt, in der sie energisch protestiert, dass …»

Ihr Nachbar hat in Anbetracht des schönen Wetters das Fenster geöffnet, und Sie haben nun das Vergnügen, eine Viertelstunde lang die unerfreulichen Mittagsnachrichten über sich ergehen zu lassen. Im ersten Ärger brausen Sie auf: «Das ist doch eine Rücksichtslosigkeit ersten Ranges, etwas Idiotischeres als ...»

Ihre Frau fällt ihnen ins Wort: «Fred, drück dich doch nicht so übertrieben aus, Rots sind nun schon seit drei Monaten unsre Nachbarn,

und es ist das erste Mal, dass wir ihr Radio hören!»
Aber das Unglück ist schon geschehen. Am nächsten Tage kehrt Frau Rot Ihrer Frau ostentativ den Rücken. Der Keim zu einer jahrelangen Feindschaft ist gelegt. Warum? Herr Rot ist empört über die Art, wie Sie sich über ihn geäußert haben. Immer hat er sich Mühe gegeben, ein rücksichtsvoller Radiohörer zu sein. Und nun, weil sein kleiner Sohn ein einziges Mal in Abwesenheit der Eltern bei offenem Fenster den Lautsprecher aufdrehte, wird Herr Rot als rücksichtsloser Idiot tituliert. Rots kleine Tochter hat nämlich den Zwischenfall Frau Rot hinterbracht; die kleine Tochter wiederum weiß ihn von einer anderen Nachbarstochter, die den Ausspruch hörte, als Sie beim Kaffee saßen.
Für jeden, der mit seiner Umwelt in Frieden leben will, gelten deshalb zwei wichtige Regeln:

1. Man äußere sich nie ungünstig über andere Personen, wenn die kleinste Möglichkeit besteht, dass die Betreffenden davon Kenntnis bekommen können.
2. Man vermeide es unter allen Umständen, sich ungünstige Aussprüche, die andere über uns gemacht haben, erzählen zu lassen.

Die zweite Regel ist weitaus die wichtigere. Die meisten von uns legen ihre Worte nicht auf die Goldwaage. Wir alle haben mehr oder weniger die schlechte Gewohnheit, unsere Mitmenschen lebhaft zu kritisieren, vielleicht sogar sehr scharfe Urteile über sie abzugeben, die im Grunde gar nicht so bös gemeint sind. Wenn wir am Familientisch irgendeinen Geschäftskonkurrenten als schmutzigen Kerl oder einen Kunden, der auf die Preise drückt, als Blutsauger bezeichnen, so will das noch nicht heißen, dass wir nicht im Grunde die zwei für ganz ehrenwerte Persönlichkeiten halten. Wer braucht es nicht einmal, seinem Ärger über die Mitmenschen Luft zu machen, auch wenn dies im Moment einmal übertrieben zum Ausdruck kommt. Nach der ausgedrückten Wut kann man ihnen oft wieder freundlicher begegnen. Schlimm wird die Sache erst, wenn Sie von den ungünstigen Äußerungen Kenntnis erhalten.

Kinder oder auch klatschsüchtige gemeinsame Bekannte sind diejenigen, welche solche Schimpfereien weiter verbreiten und dadurch nicht wieder gutzumachendes Unheil anrichten.

Wir sind nun einmal empfindlich, alle, ohne Ausnahme. Wir nehmen ungünstige Äußerungen über unsere Lebensführung oder unsere Person fast immer übel. Deshalb ist das einzige Mittel: Wenn Ihnen jemand irgendeine Klatschnachricht zuträgt, so schneiden Sie das Gespräch rücksichtslos ab. Wenn man sich an diese Regel hält, lebt man mit seiner Umwelt im besten Einvernehmen, selbst wenn man die Zielscheibe des Klatsches der ganzen Nachbarschaft bilden sollte und die Leute beinahe mit den Fingern auf einen zeigen: Solange wir nichts davon wissen, ärgern wir uns nicht. «Was ich nicht weiß, macht mir nicht heiß!» Auf diese Weise können wir unser Leben lang höchst vergnügt auf einem Pulverfass sitzen.

Vorbeugen

Wie aber verhält man sich, wenn man beleidigt wird? Die Frage quält viele Menschen. Auch hier heißt die Hauptregel: Lassen Sie es gar nicht so weit kommen! Das ist im Allgemeinen viel leichter, als man denkt. Man mische sich nicht in Angelegenheiten, die einen nichts angehen. Wenn man merkt, dass jemand Streit anfangen will, so gehe man sofort seines Weges, insbesondere wenn man mit Betrunkenen zu tun hat.

Wenn eine Horde angeheiterter junger Leute das Trottoir absperrt, ist es sicher gescheiter, man geht ihnen aus dem Weg, auf die andere Straßenseite.

Die jungen Offiziere, die vor vielen Jahren in Zürich von Taxichauffeuren am Bahnhofplatz beschimpft wurden und dann nach langem Wortwechsel die Täter militärisch umzingelten und verhaften ließen, hätten sicher besser getan, die Zurufe, die an sie gerichtet waren, einfach zu überhören.

Wenn Sie in mäßigem Tempo über Land fahren, und irgendwo ruft Ihnen ein verärgerter Fußgänger eine massive Beleidigung zu, so ist

es sicher klüger, die Beschimpfung einfach zu überhören und gemütlich weiterzufahren, als den Betreffenden «zu stellen».
Wenn irgendwie möglich, so gilt bei Anpöbeleien das Sprichwort: «De Gschyder git naa, der Esel blybt staa!»
Vielleicht sind Sie überzeugter Katholik. Sie sitzen in einem Eisenbahnabteil und zwei Mitfahrende fangen an in äußerst beleidigender und gehässiger Weise über den Katholizismus zu schimpfen. Da gibt es zwei Möglichkeiten: entweder Sie verlassen gleich zu Beginn des Gespräches das Abteil oder Sie geben sich als Katholik zu erkennen.
Bei einer Einladung beginnt ein Gast, sich in scharfen Worten über ihren Schwager auszulassen. Da gehört es sich, dass Sie sofort den Betreffenden unterbrechen und ihm sagen: «Verzeihen Sie, der Herr, den Sie kritisieren, ist mein Schwager!»
Wenn Sie, ohne sich bemerkbar zu machen, zuhören, so kommen Sie in eine unhaltbare Situation. Es bleibt dann nichts übrig, als ganz zu schweigen (was eine Art Verrat an dem Beschimpften bedeutet) oder den unvorsichtigen Schwätzer zur Rechenschaft zu ziehen, was zu einer peinlichen Situation führen kann.
Nun kann aber bekanntlich der Brävste nicht in Frieden leben, wenn es dem bösen Nachbar nicht gefällt. Jeder von uns kann in die Lage kommen, dass er einer Anpöbelei nicht mehr ausweichen kann. Wie soll man sich darin verhalten?

Die beste Waffe Unhöflichkeiten gegenüber ist zweifellos der Witz.
An einem diplomatischen Nachtessen erging sich die Frau eines Gesandten ihrem deutschen Tischnachbarn gegenüber in abfälligen Äußerungen über deutsches Wesen:
«Wie plump und unnötig kompliziert ist doch die deutsche Sprache! Wieviel nutzlose Worte enthält sie! Nehmen Sie zum Beispiel «schicken und «senden», zwei Worte für den genau gleichen Begriff!»
«Verzeihen Sie, aber in diesem Punkt irren Sie sich!» entgegnete schließlich der Tischnachbar. «Schicken und senden ist durchaus nicht das gleiche. Ihr Gatte zum Beispiel, verehrte Frau, ist ein ‹Gesandter›, aber kein ‹Geschickter›.»
Eine in den Ferien weilende englische Lehrerin hielt einer jungen Schweizerin in ziemlich taktloser Weise den Mangel an ästhetischer Kultur unseres Landes vor. «Wie schrecklich geschmacklos sind doch die vielen geschnitzten Bären und Kühe, die man in allen Läden sieht.»
«Mir gefallen sie auch nicht», erwiderte schließlich das Mädchen, «aber man fabriziert diese Sachen eben für die Fremden.»
In Wirklichkeit hat sich in beiden Fällen die Sache wahrscheinlich anders zugetragen. Das war die Antwort, von welcher die Angegriffenen wünschten, sie hätten sie erteilt. Die schlagfertigsten Aussprüche kommen uns leider immer erst ein paar Minuten zu spät in den Sinn. Es gibt aber auch Fälle, in denen eine witzige

Verteidigung einen Schlag ins Wasser bedeuten würde. Dann nämlich, wenn man es mit einem Gegner zu tun hat, der auf die feine Waffe des Witzes so wenig reagiert wie ein Rhinozeros auf einen Schlag mit einer Reitgerte. Oder wenn die Beleidigung zu tief ist, um mit Worten gesühnt zu werden.

Le point d'honneur

Der Ehrbegriff wandelt sich im Laufe der Jahre. Die Zeiten sind vorbei, in denen es genügte, einen andern flüchtig zu betrachten, um nachher mit den Worten «Herr, Sie haben mich fixiert!» zum Duell herausgefordert zu werden. Das Duell ist begraben, und wir weinen ihm keine Träne nach.

Wenn Sie im Tram aus Verschen jemanden auf den Fuß treten und der Betreffende reagiert so, dass er Ihnen eine Ohrfeige verabreicht und Sie gleichzeitig mit entehrenden Schimpfwörtern überschüttet, so ist das theoretisch ja nicht so schlimm. Die Religion schreibt vor, auch die rechte Backe hinzuhalten, wenn Ihnen einer einen Streich auf die linke gibt. Das Gesetz sagt, dass Sie in solchen Fällen nicht zur Selbsthilfe greifen dürfen, sondern sich dadurch Genugtuung verschaffen müssen, dass Sie den Betreffenden einklagen. Und die moderne Gesellschaftstheorie lehrt, dass ein brutaler Kerl dieser Art Sie ja eigentlich überhaupt nicht beleidigen kann.

Aber in Ihrem Innern ruft ein Gefühl nach Genugtuung und verlangt, dass eine solche tätliche Beleidigung gerächt werden müsse, und zwar durch eine entsprechende Gegenmaßnahme.

Theorie hin, Theorie her, in der Praxis gibt es einfach Fälle, in denen man wünscht, sich körperlich zu verteidigen, was beweist, dass der Zweikampf eben doch nicht ganz aus der Welt geschafft ist, so anfechtbar er auch sein mag.

In unserer Erziehung wird auf die Entwicklung der Selbstverteidigungsfähigkeit zu wenig Wert gelegt. Die meisten Menschen sind körperlichen Auseinandersetzungen nicht gewachsen. Ich halte das für einen großen Fehler. Dem amerikanischen und englischen Jungen wird von klein auf die Ansicht beigebracht, dass nur der ein rechter Mann ist, der sich im Notfall mit seinen Fäusten verteidigen kann. Die Kämpfe, die unter Knaben ausgefochten werden, sind deshalb nicht, wie in der Schweiz, verpönt, sondern werden als ganz natürliches Training für das Leben betrachtet.

Wir haben diese Fähigkeit verloren und ich glaube zu unserem Nachteil. Nichts erhöht das Selbstbewusstsein so sehr wie die Gewissheit, dass man im Notfall imstande ist, sich physisch zu verteidigen.

Ein Maler, der mit seiner Familie in einem schweizerischen Bergdorf lebte, hatte die Gewohnheit, im Sommer hie und da im kleinen See zu baden; die einheimische Bevölkerung nahm daran Anstoß, und gegen den Künstler

wurde eine lokale Hetze inszeniert. Seine beiden Kinder wurden in der Schule von andern gehänselt und geschlagen. Wenn dem Maler und seiner Frau auf dem schmalen Weg junge Dorfburschen begegneten, so wichen sie nicht aus, sondern nötigten ihn und seine Begleiterin, in den schmutzigen Graben auszuweichen.
Daraufhin nahm der Verfemte einen Karate-Kurs und brachte auch seinem Söhnchen und Töchterlein die Selbstverteidigung bei. Als sich die Szene auf dem Feldweg wiederholte, erhielten die Störer zu ihrer Überraschung ein paar kräftige Hiebe. Die Kinder gingen ähnlich vor, und innerhalb kurzer Zeit hörten die Beleidigungen vollkommen auf.
Daraus ergibt sich die paradoxe Situation, dass dieses Büchlein über zeitgemäße Umgangsformen mit dem Rat an die Leser schließt, sich besser für Faustkämpfe vorzubereiten.